O SCHABAT

Coleção ELOS
Dirigida por J. Guinsburg

Ilustrações: Ilya Sachor

Equipe de Realização – Tradução: Fany Kon e J. Guinsburg • Revisão: Juliana Cardoso • Logotipo da Coleção: A. Lizárraga • Capa e projeto gráfico: Adriana Garcia • Produção: Ricardo W. Neves, Sergio Kon e Juliana Sergio.

ABRAHAM JOSHUA HESCHEL

O SCHABAT

SEU SIGNIFICADO PARA O HOMEM MODERNO

Título do original em inglês
The Sabbath

Copyright © 1951 de Abraham Joshua Heschel
Renovado em 1979 por Sylvia Heschel
Publicado pela Farrar, Strauss and Giroux, Inc, New York

CIP-Brasil. Catalogação na Fonte
Sindicato Nacional dos Editores de Livros, RJ

Heschel, Abraham Joshua, 1907-1972.
O Schabat : seu significado para o homem moderno /
Abraham Joshua Heschel ; [ilustrações Ilya Schor ; tradução
Fany Kon e J. Guinsburg]. – 2.ed. – São Paulo : Perspectiva,
2014.
136 p. ; 18 cm. (Elos ; 49 / Dirigida por J. Guinsburg)

1. reimpr. da 2 ed. de 2014
TÍTULO ORIGINAL: The Sabbath
BIBLIOGRAFIA.
ISBN 978-85-273-0233-3

1. Shabbath – Ensino bíblico. I. Schor, Ilya. II.
Guinsburg, J. III. Título. IV. Série.

04-3078   CDD-296.41

Índices para catálogo sistematico:

1. Sábado bíblico : Judaísmo   296.41

2ª edição - 1ª reimpressão
[PPD]

Direitos reservados em língua portuguesa à

EDITORA PERSPECTIVA LTDA.

Av. Brigadeiro Luís Antônio, 3025
01401-000 São Paulo SP Brasil
Telefax: (11) 3885-8388
www.editoraperspectiva.com.br
2019

SUMÁRIO

Prólogo 7
  Arquitetura do Tempo 7

Um 21
  I. Um Palácio no Tempo 21
  II. Além da Civilização 37

Dois 47
  III. O Esplendor do Espaço 47
  IV. Somente o Céu e Nada Mais? 59
  V. "Tu És Um" 67
  VI. A Presença de Um Dia 77

Três 85
  VII. A Eternidade Profere Um Dia 85
  VIII. Intuições de Eternidade 93
  IX. Santidade no Tempo 101
  X. Tu Deves Cobiçar 109

Epílogo 119
  Santificar o Tempo 119

Nota Biográfica 131

PRÓLOGO

Arquitetura do Tempo

A civilização técnica é a conquista do espaço pelo homem. É um triunfo frequentemente alcançado pelo sacrifício de um ingrediente essencial da existência, isto é, o tempo. Na civilização técnica nós gastamos tempo para ganhar espaço. Intensificar nosso poder no mundo do espaço é o nosso maior objetivo. No entanto, ter mais não significa ser mais. O poder que alcançamos no mundo do espaço termina abruptamente na fronteira do tempo. Mas o tempo é o coração da existência[1].

Ganhar o controle no mundo do espaço é certamente uma de nossas tarefas. O perigo começa quando, para ganhar poder no reino do espaço, pagamos com a perda de todas as aspirações no reino do tempo. Há um reino do tempo em que a meta não é ter, mas ser; não possuir, mas dar, não controlar, mas partilhar; não submeter, mas estar de acordo. A vida vai mal quando o controle do espaço, a aquisição de coisas do espaço, torna-se nossa única preocupação.

1. Ver A. J. Heschel, *Man Is Not Alone, A Philosophy of Religion*, Nova York, 1951, p. 200.

Nada é mais útil do que o poder, nada é mais terrível. Temos amiúde sofrido de degradação pela pobreza, agora estamos ameaçados de degradação pelo poder. Há felicidade no amor ao trabalho, há desgraça no amor ao ganho. Muitos corações e cântaros quebram-se na fonte do lucro. Ao vender-se como escravo às coisas, o homem se torna um utensílio que é quebrado na fonte.

A civilização técnica brota primariamente do desejo do homem em submeter e manipular as forças da natureza. A manufatura de ferramentas, a arte da fiação e do cultivo, a arte da construção de casas, o mister da navegação – tudo isso tem lugar no espaço que envolve o homem. A preocupação da mente com as coisas do espaço afeta, até hoje, todas as atividades do homem. Mesmo religiões são, frequentemente, dominadas pela noção de que a deidade reside no espaço, em locais especiais como montanhas, florestas, árvores ou pedras, que são, portanto, escolhidas como lugares sagrados; a deidade está ligada a uma terra em particular; santidade é uma qualidade associada a coisas do espaço, e a questão primordial é: Onde está deus? Há muito entusiasmo pela ideia de que Deus está presente no universo, mas esta ideia é adotada para significar Sua presença no espaço mais do que no tempo, na natureza, mais do que na história; como se Ele fosse uma coisa, não um espírito.

Mesmo a filosofia panteísta é uma religião do espaço: o Supremo Ser é considerado como sendo o espaço infinito. *Deus sive natura* tem a extensão ou o espaço como seu atributo, não o tempo; o tempo, para Spinoza, é meramente um acidente do movimento, um modo de pensar. E seu desejo em desenvolver uma filosofia *more geometrico*, ao modo da geometria, que é a ciência do espaço, é significativo de sua inclinação pelo espaço.

A mente primitiva encontra dificuldade em compreender uma ideia sem a ajuda da imaginação e é no reino do espaço onde a imaginação exerce sua influência. Dos deuses é preciso ter uma imagem visível; onde não há imagem, não há deus. A reverência pela imagem sagrada, pelo monumento, ou lugar sagrado não é apenas inerente à maioria das religiões, tendo sido inclusive preservada pelos homens de todas as épocas, de toda as nações, devotos, supersticiosos ou até antirreligiosos; todos eles continuam a prestar homenagem a estandartes e bandeiras, a santuários nacionais, a monumentos erigidos em honra de reis e heróis. Em todo lugar a profanação de santuários sagrados é considerada um sacrilégio, e o santuário pode tornar-se tão importante que a ideia que ele representa é destinada ao olvido. O monumento torna-se um auxiliar da amnésia; os meios anulam o fim. Pois as coisas do espaço estão à mercê do homem. Embora, por demais sagradas para serem poluídas, elas não são por demais sagradas para serem exploradas. Para guardar o sagrado, para perpetuar a presença de deus, a sua imagem é moldada. No entanto, um deus que pode ser moldado, um deus que pode ser confinado, não é senão uma sombra do homem.

Todos nós ficamos enfeitiçados pelo esplendor do espaço, pela grandeza das coisas do espaço. Coisa é uma categoria que permanece pesadamente em nossas mentes, tiranizando todos os nossos pensamentos. Nossa imaginação tende a moldar todos os conceitos à sua imagem. Em nossa vida cotidiana seguimos, em primeiro lugar, o que nossos sentidos nos soletram: o que os olhos percebem e o que os dedos tocam. Realidade, para nós, é coisidade, e consiste de substâncias que ocupam espaço; mesmo Deus é concebido pela maioria de nós como uma coisa.

O resultado de nossa coisificação é nossa cegueira à toda realidade que deixa de se identificar como uma coisa, como um fato real. Isto é óbvio em nosso entendimento do tempo, o qual, sendo desprovido de coisa e de substância, nos aparece como se não tivesse realidade[2].

De fato, sabemos o que fazer com o espaço, mas não sabemos o que fazer com o tempo, exceto torná-lo subserviente ao espaço. A maioria de nós parece trabalhar em consideração às coisas do espaço. Como resultado sofremos de um temor do tempo profundamente enraizado, e ficamos consternados quando compelidos a olhar em sua face[3]. O tempo para nós é sarcasmo, um astuto monstro traiçoeiro com uma mandíbula como uma fornalha, incinerando cada momento de nossas vidas. Esquivando-nos, entretanto, de enfrentar o tempo, buscamos abrigo em coisas do espaço. As intenções que não podemos executar nós as depositamos no espaço; as posses se tornam os símbolos de nossas repressões, jubileus de frustrações. Mas as coisas do espaço não são à prova de fogo; elas apenas acrescentam óleo às chamas. Será que a alegria da posse representa um antídoto contra o terror pelo tempo que cresce para tornar-se medo da morte inevitável? As coisas, quando ampliadas, são contrafações da felicidade, são uma ameaça para nossas próprias vidas; nós somos mais atormentados do que apoiados pelos Frankensteins das coisas espaciais.

É impossível ao homem furtar-se do problema do tempo. Quanto mais pensamos, mais compreendemos: nós não pode-

2. De acordo com Bertrand Russel, o tempo é "uma insignificante e superficial característica da realidade [...] Uma certa emancipação da escravidão do tempo é essencial ao pensamento filosófico (...) compreender a pouca importância do tempo é a porta para a sabedoria". *Our Knowledge of the External World*, p. 166-167.

3. "O tempo é um mal, uma doença mortal, exsudando uma nostalgia fatal. A passagem do tempo golpeia o coração do homem com desespero, e preenche seu olhar com tristeza". N. Berdiaev, *Solitude and Society*, p. 134.

mos conquistar o tempo por meio do espaço. Nós só podemos dominar o tempo no tempo[4].

A meta mais elevada da vida espiritual não é acumular riqueza de informação, mas arrostar momentos sagrados. Em uma experiência religiosa, por exemplo, não é uma coisa que se impõe ao homem, mas uma presença espiritual[5]. O que é retido na alma é o momento da introvisão mais do que o lugar onde o ato se passou. Um momento de intuição é uma sorte, transportando-nos para além dos confins do tempo medido. A vida espiritual começa a decair quando falhamos em sentir a grandeza do que é eterno no tempo.

Nossa intenção aqui não é desaprovar o mundo do espaço. Desmerecer o espaço e a bênção das coisas do espaço é desmerecer os trabalhos da criação, os trabalhos que Deus contemplou e viu "que eram bons". O mundo não pode ser visto exclusivamente *sub specie temporis*. Tempo e espaço estão inter-relacionados. Passar por cima de qualquer deles é ser parcialmente cego. O que nós contestamos é a capitulação incondicional do homem ao espaço, sua escravização às coisas. Não devemos esquecer que não é uma coisa que empresta significação a um momento; é o momento que empresta significação às coisas.

A Bíblia preocupa-se mais com o tempo do que com o espaço. Ela vê o mundo na dimensão do tempo. Presta mais atenção às gerações, aos eventos do que aos países, às coisas; preocupa-se mais com a história do que com a geografia. Para entender o ensinamento da Bíblia, a pessoa precisa aceitar sua premissa de que o tempo tem um significado para a vida que

4. Ver também A. J. Heschel, *The Earth Is the Lord's*, p. 13 e s.
5. Este é um dos aspectos que distinguem a experiência estética da religiosa.

é, pelo menos, igual ao do espaço; que o tempo tem uma significação e soberania próprias.

Não há equivalência para a palavra "coisa" no hebraico bíblico. O termo *davar*, que no hebraico ulterior veio a designar coisa, significa em hebraico bíblico: fala, palavra; mensagem; relatório; notícias; conselho; pedido; promessa; decisão; sentença; tema; história; dito; declaração; atividade, ocupação; atos; bons atos; eventos; modo; maneira; razão; causa; mas nunca "coisa". Seria isto um sinal de pobreza linguística, ou melhor, uma indicação de uma visão de mundo distorcida, de não igualar a realidade (derivada da palavra latina *res*, coisa) à coisidade?

Um dos fatos mais importantes na história da religião foi a transformação de festividades agrícolas em comemorações de eventos históricos. As festividades dos povos antigos estavam intimamente ligadas às estações da natureza. Celebravam o que acontecia na vida da natureza, nas respectivas estações. Assim, o valor do dia festivo era determinado pelas coisas que a natureza produzia ou não. No judaísmo, a Páscoa, originalmente uma festa primaveril, tornou-se uma celebração do êxodo do Egito; a Festa das Semanas, uma antiga festividade de colheita no final da ceifa do trigo (*hag hakazir*, Êxodo 23:16; 34:22), converteu-se na celebração do dia em que a *Torá* foi dada no Sinai; a Festa das Cabanas, uma antiga festividade da vindima (*hag haasif*, Êxodo 23:16), comemora a morada dos israelitas em cabanas, durante sua permanência no deserto (Levítico 23:42s.). Para Israel, os acontecimentos singulares do tempo histórico foram espiritualmente mais significativos do que os processos repetitivos no ciclo da natureza, muito embora o sustento físico dependesse desta última. Enquanto as divindades de outros povos estavam associadas aos lugares ou coisas, o Deus de Israel era o Deus dos acontecimentos: o Redentor da escravidão, o Revelador da *Torá*, manifestando-se a Si Mesmo em acontecimentos da história, mais do que em coisas ou lugares. Assim, a fé no incorpóreo, no inimaginável, nasceu.

O judaísmo é uma *religião do tempo* visando a *santificação do tempo*. Diferentemente do homem propenso para a espacialidade, isto é, aquele para quem o tempo é invariável, iterativo e homogêneo, para quem todas as horas são iguais, desprovidas de qualidade e conchas vazias, a Bíblia percebe o caráter diversificado do tempo. Não existem duas horas semelhantes. Cada hora é única e uma só, dada naquele momento, exclusiva e infinitamente preciosa.

O judaísmo nos ensina a nos prendermos à *santidade no tempo*, a nos vincularmos aos acontecimentos sagrados, a aprender como consagrar santuários que emergem do magnificente curso de um ano. Os *Schabatot* são nossas grandes catedrais; e nosso Santo dos Santos é um relicário que nem os romanos nem os alemães foram capazes de queimar; um relicário que sequer a apostasia pode facilmente obliterar: o Dia de Expiação. De acordo com os antigos rabis, não é a observância do Dia de Expiação, mas, o Dia mesmo, a "essência do Dia", que, com o arrependimento do homem, expia pelos pecados do homem[6].

6. Maimônides, *Mischné Torá, Teschuvá* 1,3, com base na *Mischná Iomá*, 8,8. Um ponto de vista mais radical é encontrado em *Sifrá* no 23:27, e *Schavuot* 13a (na tradução inglesa de Soncino): "Eu poderia pensar que o Dia de Expiação não deve penitenciar a não ser que o homem jejue na duração dele, e o denomine uma convocação santificada (incluindo as preces desse dia: Abençoado sejais Tu, Ó Senhor... que santificaste Israel e o Dia de Expiação; e por usar vestes festivas significando sua aceitação do Dia como sagrado; ver *Tosafot Kerilot* 7a), e não trabalhe nele. Mas se a pessoa não jejuar neste dia, e não denominá-lo de uma convocação santificada, e não trabalhar nele – de onde nós deduzimos (que o Dia expia por ela seus pecados)? A Escritura diz: É um Dia de Expiação – em todos os casos, ele expia os pecados". Entretanto, a opinião de que o Dia expia os pecados

O ritual judaico pode ser caracterizado como a arte das formas significantes no tempo, como *arquitetura do tempo*. A maioria de suas observâncias – o *Schabat*, a lua nova, as festas, o ano sabático e o ano do jubileu – depende de uma certa hora do dia ou estação do ano. É, por exemplo, o anoitecer, o amanhecer ou o entardecer que trazem com eles o chamado para a prece. Os temas principais da fé jazem no reino do tempo. Lembramos do dia do êxodo do Egito, do dia em que Israel parou no Sinai; e nossa esperança messiânica está na expectativa de um dia, do fim dos dias.

Em uma obra de arte bem composta uma ideia de destacada importância não é introduzida casualmente, mas, como um rei em uma cerimônia oficial, ela é apresentada em um dado momento e de uma forma que trará à luz sua autoridade e liderança. Na Bíblia as palavras são empregadas com apurado cuidado, particularmente aquelas que, como pilares de fogo, norteiam o caminho no vasto sistema do mundo de significado bíblico.

Uma das mais notáveis palavras na Bíblia é *cadosch*, santo; uma palavra que, mais do que qualquer outra, é representativa do mistério e majestade do divino. Pois bem, qual teria sido

mesmo para aqueles que não se arrependem, mas, na verdade, pecam neste mesmo Dia, não é compartilhada pela maioria das autoridades. Compare também a opinião do Rabi, *Iomá* 85b. – Significativa é a concepção de Rabi Yosé para tempos especiais, *Sanedrin* 102a. Ver também *Tanhumá* ao Gênese 49:28. Ver também as opiniões expressas pelo Rabi Iohanan em *Ta'anu* 29a e pelo Rabi Yosé em *Erakhin* 11b. Também Pedersen, *Israel I-II*, p. 488 e p. 512; E. Panofsky, *Studies in Iconology*, pp. 69-93. 7. Gênese 2:3. "Lembrem-se do *dia* do *Schabat*, para guardá-lo *santificado*. [...] pois, em seis dias o Senhor fez céu e terra [...] motivo pelo qual o Senhor abençoou o *dia* do *Schabat* e fê-lo *santificado*" (Êxodo 20:8.11). Nos Dez Mandamentos, o termo *santificado* é aplicado somente a uma palavra, o *Schabat*.

o primeiro objeto santo na história do mundo? Teria sido uma montanha? Teria sido um altar?

De fato, é uma ocasião única aquela em que a notável palavra *cadosch* é usada pela primeira vez: no Livro do Gênese, ao final da história da criação. Quão extremamente significativo é o fato dela ser aplicada ao tempo: "E Deus abençoou o sétimo *dia* e fê-lo *santo*"[7]. Não há referência no relato da criação a nenhum objeto no espaço que teria sido dotado com a qualidade de santidade.

Esta é uma diferença radical do costumeiro pensamento religioso. A mentalidade mítica esperaria que, após o estabelecimento do céu e da terra, Deus criaria um lugar santificado – uma montanha sagrada ou uma fonte sagrada – sobre a qual seria erigido um santuário. No entanto, para a Bíblia, segundo parece, é a *santidade no tempo*, o *Schabat*, que vem em primeiro lugar.

Quando a história começou havia somente uma santidade no mundo, a santidade no tempo. Quando no Sinai a palavra de Deus estava a ponto de ser proferida, um chamado em prol da santidade no *homem* foi proclamado: "Tu hás de ser perante mim o povo sagrado". Foi apenas depois que o povo sucumbiu à tentação de adorar uma coisa, o bezerro de ouro, que a construção do Tabernáculo, da santidade no *espaço*[8], foi ordenada.

---

7. Gênese 2:3. "Lembrem-se do *dia* do *Schabat*, para guardá-lo *santificado*. [...] pois, em seis dias o Senhor fez céu e terra [...] motivo pelo qual o Senhor abençoou o *dia* do *Schabat* e fê-lo *santificado*" (Êxodo 20:8.11). Nos Dez Mandamentos, o termo *santificado* é aplicado somente a uma palavra, o *Schabat*.

8. Ver *Tanhuma*, Êxodo 34:1 (31): *Seder 'Olam rabá'*, cap. 6. Raschi ao Êxodo 31:18. Ver, entretanto, Nakhmânides ao Levítico 8:2. A santidade do tempo teria sido suficiente para o mundo. A santidade do espaço foi uma inclusão necessária para a natureza do homem. A construção do Taberná-

A santidade do tempo veio em primeiro, a santidade do homem em segundo, e a santidade do espaço por último. O tempo foi abençoado por Deus; o espaço e o Tabernáculo foram consagrados por Moisés[9].

Enquanto as festividades celebram eventos que aconteceram no tempo, a data do mês, assinalada para cada festividade no calendário, é determinada pela vida na natureza. A Páscoa e a Festa das Cabanas, por exemplo, coincidem com a lua cheia, e a data de todas as festas é um dia no mês, e o mês é um reflexo do que, periodicamente, acontece no reino da natureza, pois o mês judaico começa com a lua nova, com o aparecimento da lua crescente no céu, ao entardecer[10]. Em contraste, o *Schabat* é independente, por inteiro, do mês e não tem relação com a lua[11]. Sua data não é determinada por nenhum evento na natureza, tal como a lua nova, mas pelo ato da criação. Assim, a essência do *Schabat* apresenta-se completamente separada do mundo do espaço.

culo não foi ordenada no Decálogo. Começou como uma resposta ao apelo direto do povo, que implorava a Deus: "Ó Senhor do mundo! Os reis das nações têm palácios nos quais a mesa é posta, com candelabros e outras insígnias reais, para que seu rei possa ser reconhecido como tal. Não deverias Tu, também, nosso Rei, Redentor e Benfeitor, empregar uma insígnia real, para que todos os habitantes da Terra pudessem reconhecer que Tu és seu Rei?" *Midrasch Agadá* 27:1; Louis Ginzberg, *The Legends of the Jews*, III, p. 148 e s.

9. Números 7:1.

10. Cada revolução, de uma lua nova à próxima, constitui um mês lunar e conta cerca de 29 dias e 12 horas.

11. O sétimo dia babilônio era observado em cada sétimo dia do mês lunar; ver J. Barth, *The Jewish Sabbath and the Babylonians*, *The American Israelite*, Nov. 20, 1902; também H. Webster, *Rest Days*, Nova York, 1916, p. 253 e s.

O significado do *Schabat* é, antes, o de celebrar o tempo, e não o espaço. Seis dias da semana vivemos sob a tirania das coisas do espaço; no *Schabat* tentamos nos tornar harmônicos com a *santidade no tempo*. É um dia em que somos chamados a partilhar no que é eterno no tempo, para fugir dos resultados da criação para os mistérios da criação; do mundo da criação para a criação do mundo.

UM

1. Um Palácio no Tempo

Aquele que quer penetrar na santidade do dia deve, primeiramente, abandonar a profanidade do comércio ruidoso, de estar sob o jugo da labuta. Ele deve se afastar do grito dos dias dissonantes, do nervosismo, da fúria da ganância e da traição que o leva a fraudar a sua própria vida. Deve dizer adeus ao trabalho manual e aprender a compreender que o mundo já foi criado e há de sobreviver sem a ajuda do homem. Seis dias na semana nós lutamos com o mundo, arrancando proveito da terra; no *Schabat* nós nos preocupamos especialmente com a semente de eternidade plantada na alma. O mundo tem nossas mãos, mas nossa alma pertence a Alguém Outrem. Seis dias na semana procuramos dominar o mundo, no sétimo dia nós tentamos dominar o *eu*.

Quando os romanos conheceram os judeus e observaram sua estrita adesão à lei, em se absterem do trabalho no *Schabat*, sua única reação foi de desdém. O *Schabat* é um sinal da indolência judaica, era a opinião sustentada por Juvenal, Sêneca e outros.

Em defesa do *Schabat*, Filo, o porta-voz dos judeus de língua grega, de Alexandria, diz: "Neste dia somos ordenados a nos abster de todo trabalho, não porque a lei inculque a frouxidão. [...] Seu objetivo é, antes, dar ao homem um descanso da contínua e infindável faina e, ao refrescar seus corpos com um sistema regularmente calculado de remissões, remetê-los renovados às suas antigas atividades. Pois um intervalo para tomar fôlego permite, não só pessoas comuns mas, também, atletas, recobrarem seu vigor tendo maior força atrás deles para empreender pronta e pacientemente cada uma das tarefas que se lhes apresentam"[1].

Neste caso, o *Schabat* é representado não dentro do espírito da Bíblia, mas no do espírito de Aristóteles. De acordo com o Estagirita, "necessitamos de repouso, porque não podemos trabalhar continuamente. Repouso, então, não é um fim"; se dá "para o bem da atividade", com o fim de ganhar força para novos esforços[2]. Para o pensamento bíblico, entretanto, o labor significa os meios para um fim, e o *Schabat* é como um dia de descanso, como um dia de se abster do labor, não com o propósito de recuperar as forças perdidas da pessoa e torná-la apta para o trabalho vindouro. O *Schabat* é um dia dedicado ao bem da vida. O homem não é uma besta de carga e o *Schabat* não tem a finalidade de melhorar a eficiência de seu trabalho. "Último na criação, primeiro na intenção"[3], o *Schabat* representa "o fim da criação do céu e da terra"[4].

O *Schabat* não existe em consideração aos dias da semana; os dias da semana é que existem em consideração ao *Schabat*[5]. Não é um interlúdio mas o clímax do viver.

1. Filo, *De Specialibus Legibus*, 11, 60 (Loeb Classics, Filo, VII).
2. *Ethica Nicomachea* X, 6.
3. Rabi Solomo Alkabez, *Lekhá Dodi*.
4. O Serviço do Anoitecer para o *Schabat*.
5. *Zohar*, 1,75.

Três atos de Deus distinguem o sétimo dia: Ele descansou, Ele abençoou e Ele santificou o sétimo dia (Gênese 2:2-3). À proibição do trabalho está, portanto, somada à bênção do deleite e à ênfase de santidade. Não somente as mãos do homem celebram o dia, mas a língua e a alma mantêm o *Schabat*. A pessoa não fala da mesma maneira neste dia como fala nos dias da semana. Até pensar em negócios ou trabalho devem ser evitados.

O labor é um ofício, mas o repouso perfeito é uma arte. É o resultado de um acordo entre o corpo, a mente e a imaginação. Para atingir um grau de excelência na arte deve-se aceitar sua disciplina, deve-se esconjurar a preguiça. O sétimo dia é um *palácio no tempo* que nós construímos. É feito de alma, de alegria e de reserva. Em sua atmosfera, a disciplina é um lembrete da adjacência da eternidade. De fato, o esplendor do dia é expresso em termos de *abstenções*, exatamente como o mistério de Deus é mais adequadamente transmitido *via negationis*, nas categorias da *teologia negativa* a qual pretende que nunca podemos dizer o que Ele é, só podemos dizer o que Ele não é. Com frequência, sentimos como seria pobre o edifício se fosse construído exclusivamente por nossos rituais e atos que são tão desajeitados e, em geral, tão intrusivos. Como expressar mais a glória, em presença da eternidade, se não pelo silêncio de se abster de atos ruidosos? Estas restrições emitem cânticos para aqueles que sabem como permanecer em um palácio com uma rainha.

Há uma palavra que raramente é pronunciada, uma palavra para uma emoção demasiado profunda quase para ser expressa: o amor pelo *Schabat*. A palavra é raramente encontrada em nossa literatura, no entanto, por mais de dois mil anos a emoção preencheu nossas canções e estados de ânimo. Era como se um povo inteiro estivesse enamorado do sétimo dia. Muito de seu espírito pode apenas ser compreendido como um exemplo de amor levado ao extremo. Tal como na poesia cavalheiresca da Idade Média o "princípio subjacente foi que o amor sempre deveria ser absoluto, e que cada pensamento e ato do amante deveria, em todas as ocasiões, corresponder às mais extremas emoções, ou sentimentos, ou fantasias possíveis a um amante".

"O amor, com os trovadores e suas damas, era uma fonte de alegria. Suas determinações e exigências eram a suprema lei da existência. O amor era o serviço da fidalguia; era lealdade e devoção; era a doação humana mais nobre. Era, também, a fonte, por excelência, a inspiração de feitos superiores"[6]. A cultura cavalheiresca criou uma concepção romântica de adoração e amor que, até os nossos dias, domina em sua combinação de mito e paixão a literatura e a mente do homem ocidental. A contribuição judaica à ideia do amor é a concepção de amor ao *Schabat*, o amor a um dia, do espírito na forma de tempo.

O que pode ter de tão luminoso um dia? O que há de ser nele tão precioso para cativar os corações? É que o sétimo dia é uma mina onde o metal precioso do espírito pode ser encontrado para, com ele, construir o palácio no tempo, uma dimensão na qual o humano está em casa com o divino; uma dimensão na qual o homem aspira aproximar-se à semelhança do divino.

Pois onde há de se encontrar a semelhança de Deus? Não existe qualidade que o espaço tenha em comum com a essência de Deus. Não há liberdade suficiente no topo da montanha; não há glória suficiente no silêncio do mar. Contudo, a semelhança de Deus pode ser encontrada no tempo, que é a eternidade em disfarce.

A arte de guardar o sétimo dia é a arte de pintar na tela do tempo a grandeza misteriosa do clímax da criação: como

6.   H. O. Taylor, *The Medieval Mind*, I, p. 588 e s.

Ele santificou o sétimo dia, assim devemos nós fazê-lo. O amor ao *Schabat* é o amor do homem pelo que ele e Deus têm em comum. O nosso ato de guardar o dia do *Schabat* é uma paráfrase de Sua santificação do sétimo dia.

Como seria um mundo sem o *Schabat*? Seria um mundo que conheceria somente a si mesmo, ou um Deus distorcido como uma coisa, ou o abismo a separar Ele do mundo; um mundo sem a visão de uma janela na eternidade que se abre no tempo.

Apesar de toda a idealização, não há perigo da ideia do *Schabat* tornar-se um conto de fadas. Com toda a idealização romântica, o *Schabat* permanece um fato concreto, uma instituição legal e uma ordem social. Não há perigo de tornar-se um espírito desencarnado, pois, o espírito do *Schabat* deve estar sempre de acordo com feitos verdadeiros, com ações e abstenções definidas. O real e o espiritual são uno, como corpo e alma em um homem vivente. A lei é que deve iluminar o caminho; é a alma que deve sentir o espírito.

É o que os antigos rabis sentiam: o *Schabat* exige toda a atenção do homem, o serviço e a devoção sincera do amor total. A lógica de tal concepção os compele a ampliar constantemente o sistema de leis e regras de observância. Eles procuram enobrecer a natureza humana e torná-la digna em presença do dia real.

No entanto, lei e amor, disciplina e prazer, nem sempre se fundem. Em seus nobres temores em profanar o espírito do dia, os antigos rabis estabeleceram um nível de observância que está ao alcance de almas exaltadas, porém, não raro, está aquém da apreensão dos homens comuns.

A glorificação do dia, a insistência sobre a estrita observância, não conduziu os rabis, entretanto, à deificação da lei. "O *Schabat* foi dado a ti, e não tu ao *Schabat*[7]. Os antigos rabis sabiam que excessiva devoção pode por em perigo o cumprimento da essência da lei[8]. "Não há nada mais importante, de acordo com a *Torá*, do que preservar a vida humana [...] Mesmo à mais insignificante possibilidade de que uma vida possa estar em jogo, é permitido desrespeitar toda e qualquer proibição da lei"[9]. Deve-se sacrificar as *mitzvot pelo bem do homem* em vez de sacrificar o homem *"pelo bem das mitzvot"*. O propósito da *Torá* é "trazer vida à Israel, neste mundo e no mundo vindouro"[10].

A austeridade contínua pode sufocar severamente, no entanto, a veleidade, por certo, obliteraria o espírito do dia. Não se pode modificar uma preciosa filigrana com uma lança, ou operar um cérebro com uma relha. Deve-se sempre recordar que o *Schabat* não é uma ocasião para diversão ou frivolidade; não é dia de disparar fogos de artifícios ou dar saltos mortais mas, uma oportunidade para emendar nossas vidas em farrapos; coletar, em vez de dissipar o tempo. O trabalho sem dignidade é a causa de miséria; o descanso sem espírito é a fonte de depravação. Na verdade, as proibições lograram prevenir a vulgarização da grandeza do dia.

Duas coisas o povo de Roma desejava ansiosamente – pão e circo[11]. Mas, o homem não vive só de pão e circo. Quem lhe ensinará como desejar ansiosamente o espírito de um dia sagrado?

O *Schabat* é a mais preciosa dádiva que a humanidade recebeu do tesouro de Deus. Toda semana pensamos: O espírito está muito longe, e nós sucumbimos ao absenteísmo espiritual ou, quando muito, oramos: Envia-nos um pouco do

7. *Mekilta* ao 31:13.
8. *Gênese rabá* 19,3.
9. Exceto a proibição de idolatria, adultério e assassinato.
10. *Olzar ha-Geonim, Iomá*, pp. 30, 32.
11. *Duas tantum res anxius optat, panem et circenses*, Juvenal, *Sátiras* X, 80.

Teu espírito. No *Schabat*, o espírito se apresenta e suplica: Aceite tudo que há de melhor em mim...

Todavia, tudo o que o espírito oferece é, amiúde, demasiado augusto para as nossas mentes triviais. Nós aceitamos o conforto e o alívio e perdemos as inspirações do dia, de onde ele vem e por que se apresenta. É, por isso, que nós rezamos por compreensão:

> Possam Teus filhos dar-se conta e compreender que o repouso deles vem de Ti, e que o repouso significa santificar Teu nome[12].

Observar o *Schabat* é celebrar a coroação de um dia no mágico mundo espiritual do tempo, o ar do qual inalamos quando "o denominamos de um deleite".

Denomine o *Schabat* um deleite[13]: um deleite para a alma e um deleite para o corpo. Visto que existem tantos atos que uma pessoa deve se abster de fazê-los no sétimo dia, "podes pensar que Eu te dei o *Schabat* para teu desprazer; Eu te dei, certamente, o *Schabat* para teu prazer". Santificar o sétimo dia não significa: Tu deves te mortificar a ti mesmo, mas, ao contrário: Tu deves santificá-lo com todo teu coração, com toda tua alma e com todos os teus sentidos. "Santifique o *Schabat* com seletas refeições, com belas vestes; deleite sua alma com prazer e Eu te recompensarei por este grande prazer"[14].

Diferentemente do Dia da Expiação, o *Schabat* não é dedicado exclusivamente à metas espirituais. É um dia tanto da

12. A Prece Vespertina para o *Schabat*.
13. Isaías 58:13. "Aquele que apequena o deleite do *Schabat*, é como se roubasse a *Schekhiná*, pois o *Schabat* é a única filha (de Deus)", *Tikunei Zohar* 21, Ed. Mantua, 1558, 59b.
14. *Deuteronômio rabá* 3,1; ver *Midrasch Tehilim*, cap. 90.

alma quanto do corpo; conforto e prazer são partes integrantes da observância do *Schabat*. O homem em sua totalidade, todas as suas faculdades devem compartilhar de sua bênção.

Certa vez um príncipe foi levado em cativeiro e obrigado a viver anonimamente entre pessoas rudes e iletradas. Os anos se passaram e ele definhava, saudoso de seu real pai, de sua terra natal. Um dia uma mensagem secreta o alcançou, nela seu pai prometia trazê-lo de volta ao palácio, instando-o vivamente a não esquecer suas maneiras principescas. Grande foi a alegria do príncipe, que estava ansioso por celebrar este dia. Mas, ninguém é capaz de celebrar sozinho. Assim, convidou as pessoas da taverna local e ordenou comida e bebida à farta para todos eles. Foi uma festa suntuosa, e todos estavam repletos de júbilo; as pessoas, por causa das bebidas, e o príncipe, por antecipação ao seu retorno ao palácio[15]. – A alma não pode celebrar sozinha, de modo que, o corpo deve ser convidado a partilhar do júbilo do *Schabat*.

"O *Schabat* é um lembrete dos dois mundos – deste mundo e do mundo vindouro; é um exemplo de ambos os mundos. Pois, o *Schabat* é alegria, santidade e repouso; alegria é parte deste mundo; santidade e repouso são algo do mundo vindouro"[16].

Observar o sétimo dia não significa, meramente obedecer ou conformar-se ao rigor de uma ordem divina. Observar é celebrar a criação do mundo e criar, sempre de novo, o sétimo dia, a majestade da santidade no tempo, "um dia de repouso, um dia de liberdade", um dia que é como "um senhor e rei de

15. Ver *Toldot Ia'akov Iosef*, Koretz, 1760, p. 203c.
16. Por isso dizemos no *Schabat*... "Rejubilai-vos Ó céus, alegrai-vos Ó Terra" (Salmos 96:11). "Os céus simbolizam o mundo por vir, o mundo das almas, enquanto a Terra simboliza o mundo que é terreno e mortal". Al Nakawa, *Menorat ha-Maor*, ed. Enelow, II, 182.

todos os outros dias"[17], um senhor e rei na comunidade do tempo.

Como devemos nós ponderar sobre a diferença entre o *Schabat* e os outros dias da semana? Quando um dia como a quarta-feira chega, as horas são vazias e, a não ser que lhes emprestemos um significado, elas permanecerão despidas de caráter. As horas do sétimo dia são, por si sós, significativas; seu significado e beleza não dependem de nenhum trabalho, lucro ou progresso que possamos alcançar. Elas têm a formosura da grandeza.

> Formosura de grande, uma coroa de vitória, um dia de repouso e santidade [...] um repouso em amor e generosidade, um verdadeiro e genuíno repouso, um repouso que veicula paz e serenidade, tranquilidade e segurança, um perfeito repouso *com o qual Tu te rejubilas*[18].

O tempo é como uma terra desolada. Tem grandeza mas não beleza. Seu estranho, assustador poder é sempre temido mas, raramente, aplaudido. Então chegamos ao sétimo dia, e o *Schabat* é dotado de uma felicidade que arrebata a alma, que se insinua em nossos pensamentos com uma salutar simpatia. É um dia em que as horas não expulsam umas às outras. É um dia que pode mitigar toda tristeza.

Ninguém, mesmo o iletrado, o homem rude, pode permanecer insensível à sua beleza. "Até o iletrado fica tomado de respeito pelo dia"[19]. É virtualmente impossível, acreditavam os antigos rabis, dizer uma mentira no dia sagrado do *Schabat*.

Qual é o significado da palavra "*Schabat*"? De acordo com alguns é o nome d'O Santíssimo[20]. Visto que a palavra *Schabat*

17. *Schibolé ha-Lequet*, cap. 126.
18. A Prece Vespertina para o *Schabat*.
19. *Jer. Demai II*, 23d.
20. *Zohar*, 88b. Cf 128a.

31

é um dos nomes de Deus, não se deve mencioná-la em lugares impuros, onde palavras da *Torá* não devam ser pronunciadas. Algumas pessoas acautelavam-se para não usá-la em vão[21].

O sétimo dia é como um palácio no tempo com um reino para todos. Não é uma data mas, uma atmosfera.

Não é um estado de consciência diferente mas, um clima diferente; é como se a aparência de todas as coisas de algum modo se modificasse. A consciência primordial é a de estarmos *dentro* do *Schabat* mais do que o *Schabat* estar dentro de nós. Podemos não saber se nossa compreensão é correta ou se nossos sentimentos são nobres, mas a atmosfera do dia nos envolve como a primavera que se espalha sobre a terra, sem nossa ajuda ou aviso.

"Quão preciosa é a Festa das Cabanas! Morando na Cabana, até nosso corpo fica envolvido pela santidade da *mitzvá*", dizia certa vez um rabi a seu amigo. A respeito do que este último observou: "O Dia do *Schabat* é até muito mais do que isto. Na Festa você pode deixar a Cabana por um tempo, enquanto que o *Schabat* o envolve para onde você for".

A diferença entre o *Schabat* e todos os outros dias não é para ser percebido na estrutura física das coisas, em sua dimensão espacial. Coisas não se modificam neste dia. Há somente uma diferença na dimensão do tempo, na relação do universo para com Deus. O *Schabat* precedeu a criação e o *Schabat* completou a criação; é tudo o que o mundo pode suportar do espírito.

É um dia que enobrece a alma e torna o corpo sábio. Um conto pode ilustrar este ponto.

Certa vez, um rabi foi enclausurado por seus perseguidores numa gruta onde nenhum raio de luz poderia alcançá-lo, de

21. Rabi Zvi Elimelech de Dinov, *Bnei Issachar, Schabat*, 1.

tal modo que ele não sabia quando era dia ou quando era noite. Nada o atormentava tanto quanto o pensamento de que estava agora impedido de celebrar o *Schabat* com cântico e prece, como estava acostumado a fazer desde sua juventude. Além disso, um quase invencível desejo de fumar, causava-lhe muito sofrimento. Ele se preocupava e se repreendia por não poder vencer esta paixão. De súbito, percebeu que este desejo havia repentinamente desaparecido; uma voz disse em seu íntimo: "Agora é o anoitecer de sexta-feira! Pois, é sempre nesta hora, que meu desejo por aquilo que é proibido no *Schabat* regularmente me abandona". Ergueu-se com alegria e, em voz alta, agradeceu a Deus e abençoou o dia do *Schabat*. Assim aconteceu semana após semana; seu desejo torturante pelo fumo desvanecia-se regularmente à chegada de cada *Schabat*[22].

É uma das mais elevadas recompensas da vida, uma fonte de força e inspiração suportar a tribulação, viver nobremente. O trabalho nos dias da semana e o repouso no sétimo dia são correlativos. O *Schabat* é o inspirador, os outros dias os inspirados.

As palavras: "No *sétimo* dia Deus *terminou Sua* obra" (Gênese 2:2), parece ser um quebra-cabeça. Não é dito: "Ele *descansou* no *sétimo* dia"? "O Senhor fez, em *seis* dias, céu e terra" (Êxodo 20:11)? Nós esperaríamos, com certeza, que a Bíblia nos contasse que no sexto dia Deus acabou Sua obra. Obviamente, os antigos rabis concluíram, houve um ato de criação no sétimo dia. Exatamente como céu e terra foram criados em seis dias, a *menuhá* foi criada no *Schabat*.

22. B. Auerbach, *Poet and Merchant*, Nova York, 1877, p. 27.

"Após os seis dias da criação – o que ainda faltava para o universo? *Menuhá*. Veio o *Schabat*, veio a *menuhá*, e o universo estava completo"[23].

Menuhá, que usualmente descrevemos como "repouso", significa aqui muito mais que um afastamento do labor e do esforço, mais do que liberdade de labuta, tensão ou atividade de qualquer tipo. *Menuhá* não é um conceito negativo, mas algo real e intrinsecamente positivo. Esta deve ter sido a opinião dos antigos rabis, se eles acreditavam que foi preciso um ato especial de criação para traze-la à existência, que o universo estaria incompleto sem ela.

"O que foi criado no sétimo dia? *Tranquilidade, serenidade, paz e repouso*"[24].

Para o pensamento bíblico *menuhá* é o mesmo que felicidade e quietude[25], que paz e harmonia. A palavra com a qual Jó descreveu o estado após a vida por ele almejada é derivada da mesma raiz de *menuhá*. É o estado em que o homem permanece tranquilo, em que os perversos cessam de perturbar e os extenuados ficam em repouso[26]. É o estado em que não há rivalidade nem luta, não há medo nem desconfiança. A essência da boa vida é *menuhá*. "O Senhor é meu pastor, eu não preciso desejar, Ele me fará deitar em verdes prados; Ele me guiará para junto de águas calmas" (as águas das *menuhot*)[27]. Em épocas

23. Citado como um Midrasch por Raschi sobre a *Meguilá* 9a; sobre o Gênese 2:2; *Tosafot Sanhedrin* 38a. De acordo com o filósofo judeu helenístico, Aristóbolo, no sétimo dia foi criada a luz na qual todas as coisas podem ser vistas, a saber, a luz da sabedoria. Ver Eusébio, *Praeparatio Evangelica*, ed. Gifford, Livro XIII, cap. 12, 667a.

24. *Gênese rabá* 10,9.

25. Deuteronômio 12:9; cf. Reis 8:56; Salmos 95:11; Ruth 1:19.

26. Jó 3:13.17; cf. 14:13 e ss.

27. Salmos 23:1-2.

posteriores *menuhá* tornou-se um sinônimo para a vida no mundo vindouro, para a vida eterna[28].

Seis vezes por semana ao anoitecer nós rezamos: "Proteja nosso ir e nosso entrar em casa"; no *Schabat* ao anoitecer, no entanto, rezamos: "Envolva-nos com uma tenda de Tua paz". Ao retornarmos para casa da sinagoga nós entoamos o cântico:

Que a paz esteja convosco,
Anjos da Paz[29]

O sétimo dia canta. Uma antiga alegoria afirma: "Quando Adão viu a majestade do *Schabat*, sua grandeza e glória, e a alegria que conferia sobre todos os seres, ele entoou um hino de louvor pelo dia do *Schabat* como se fosse *para dar graças ao dia do Schabat*. Então Deus disse a ele: Tu cantas um cântico de louvor ao *Schabat* e não cantas nenhum para Mim, o Deus do *Schabat*? Em vista disso, o *Schabat* ergueu-se de seu assento e prostrou-se diante de Deus, dizendo: É uma boa coisa *dar graças ao Senhor*. E o todo da criação acrescentou: E cantar em louvor ao Teu Nome, Ó Altíssimo"[30].

"Os anjos têm seis asas, uma para cada dia da semana, com as quais eles entoam seu cântico; porém, permanecem silentes no *Schabat*, porque é no *Schabat* que entoam um hino a Deus"[31].

28. *Schabat* 152b; ver também Kuzari V,10; Ialkut Reubeni, Amsterdã, 1700, 174a, e a prece *El male rakhamin*.
29. Ver *Schabat* 119b.
30. Weitheimer, *Batei Midraschot*, Jerusalém, 1950, p. 27; ver L. Ginzberg, *Legends of the Jews*, 1,85; V,110.
31. *Or Zarua*, II,18c. Ver a emenda sugerida por L. Ginzberg, *The Legends of the Jews*, V.101; *Geonica* II,48. Compare, entretanto, a bela lenda em *Ialkut Schmoni*, Tehilim, 843.

É o *Schabat* que inspira todas as criaturas a cantar em louvor do Senhor. Na linguagem da liturgia matinal do *Schabat*:

> A Deus que repousou de toda a ação no sétimo dia
> e ascendeu a Seu trono de glória.
> Ele revestiu o dia de repouso com beleza;
> Ele denominou o *Schabat* uma delícia.
> Este é o cantar e o louvor do sétimo dia,
> Em que Deus repousou de Seu trabalho.
> O sétimo dia por si mesmo é expressão de louvor.
> Um cântico do dia do *Schabat*:
> "É bom dar graças ao Senhor!"
> Por isso, todas as criaturas de Deus O abençoam.

O *Schabat* ensina todos os seres a quem devem louvar.

II. Além da Civilização

A civilização técnica é o produto do trabalho, do exercício do poder pelo homem tendo em vista o ganho, tendo em vista a produção de bens. Começa quando o homem, insatisfeito com o que está disponível na natureza, empenha-se em uma luta com as forças da natureza a fim de intensificar sua segurança e aumentar seu conforto. Para usar a linguagem da Bíblia, a tarefa da civilização é submeter a terra, ter o domínio sobre a besta.

Quão orgulhosos nós ficamos amiúde ante nossas vitórias na guerra com a natureza, orgulhosos ante a multidão de instrumentos que conseguimos inventar, a abundância de mercadorias que temos podido produzir. Contudo, nossas vitórias vieram a assemelhar-se a derrotas. A despeito de nossos triunfos, caímos vítimas do trabalho de nossas mãos; é como se as forças que conquistamos nos tenham conquistado.

É nossa civilização um caminho para o desastre, como muitos de nós estão propensos a crer? É a civilização essencialmente um mal, para ser rejeitada e condenada? A fé do judeu não é um meio de sair deste mundo, mas um meio de estar dentro e acima deste mundo; não de rejeitar, mas de ultrapassar a civilização. O *Schabat* é o dia no qual aprendemos a arte de *ultrapassar* a civilização.

Adão foi colocado no Jardim do Éden, "para hortá-lo e guardá-lo" (Gênese 2:15). O labor não é o único destino do homem; ele é dotado da dignidade divina. Entretanto, depois de comer da árvore do conhecimento, ele foi condenado à labuta penosa e não apenas ao trabalho: "tu tirarás dela o teu sustento à força de trabalho [...] todos os dias de tua vida" (Gênese 3:17). O trabalho é uma bênção e a labuta penosa é a miséria do homem.

O *Schabat*, como dia de abstenção do trabalho, não é uma depreciação mas uma afirmação do labor, uma exaltação divina de sua dignidade. Deves te abster do trabalho no sétimo dia é uma sequela do mandamento: *Seis dias hás de labutar, e fazer todo o teu trabalho*[1].

"Seis dias tu deveras labutar e fazer todo teu trabalho; mas o sétimo dia é *Schabat* para o Senhor teu Deus". Da mesma forma como somos ordenados a guardar o *Schabat*, somos ordenados a labutar[2]. "Ame o trabalho [...]"[3]. O dever de trabalhar por seis dias é tanto uma parte do pacto de Deus com o homem, quanto o dever de se abster do trabalho no sétimo dia[4].

Separar um dia da semana e destiná-lo à liberdade, um dia no qual não usaríamos os instrumentos que têm sido tão facilmente transformados em armas de destruição, um dia para estarmos conosco, um dia de separação do vulgar, de independência de obrigações externas, um dia em que nós deixamos

1. Êxodo 20:9; 23:12; 31:15; 34:21; Levítico 23:3; Deuteronômio 5:13.
2. *Mekilta de Rabi Schimeon ben Iohai*, ed. Hoffmann, Frankfurt a.M., 1905, p. 107.
3. *Pirkei Avot* 1,10.
4. *Avot de Rabi Natan*, ed. Schechter, cap. 11

de adorar ídolos da civilização técnica, um dia em que não usamos dinheiro, um dia de armistício na luta econômica com nossos semelhantes e com as forças da natureza – existe alguma instituição que oferece esperança maior para o progresso do homem do que o *Schabat?*

A solução do problema mais debatido da humanidade não será encontrado na renúncia à civilização técnica mas, na obtenção de algum grau de independência dela.

Com respeito à dádivas externas, à posses exteriores há uma única atitude correta – possuí-las e estar apto a viver sem elas. No *Schabat* vivemos, por assim dizer, *independentes da civilização técnica-*, nos abstemos primordialmente de qualquer atividade que visa refazer ou remodelar as coisas do espaço. O régio privilégio do homem em conquistar a natureza fica suspenso no sétimo dia.

Quais os tipos de labor que não devem ser efetuados no *Schabat?* De acordo com os antigos rabis, são todos aqueles atos que foram necessários para a construção e o apresto do Santuário no deserto[5]. O *Schabat* em si é um santuário que nós construímos, *um santuário no tempo.*

Uma coisa é estar a correr ou ser impelido pelas vicissitudes que ameaçam a vida e, outra coisa, é permanecer quieto e aceitar a presença de um momento eterno.

O sétimo dia representa o armistício na cruel luta do homem pela existência, uma trégua em todos os conflitos, pessoais e sociais, a paz entre homem e homem, homem e natureza, a paz dentro do homem; um dia em que manipular dinheiro é considerado uma profanação, em que o homem admite sua independência daquilo que é o principal ídolo do mundo. O sétimo dia representa o êxodo da tensão, a liberação do homem

5. Ver *Schabat* 49b.

de sua própria confusão, a instalação do homem como um soberano no mundo do tempo.

No tempestuoso oceano do tempo e da faina há ilhas de quietude onde o homem pode entrar em uma enseada e recuperar sua dignidade. A ilha é o sétimo dia, o *Schabat*, um dia de desligamento das coisas, instrumentos e afazeres comuns como, também, de ligação com o espírito.

Todo o *Schabat* deve ser despendido "em encanto, graça, paz, e grande amor [...] pois, nele, até o perverso no inferno encontra paz". Constitui, portanto, um duplo pecado demonstrar cólera no *Schabat*. "Não acendereis lume em todas as vossas casas no dia do *Schabat*". (Êxodo 35:3), recebe o significado de que: "Não acendereis o lume da controvérsia nem o calor da cólera"[6]. Não acendereis o lume – nem mesmo o lume da indignação justa.

Afora os dias nos quais lutamos e de cuja feiura padecemos, olhamos para o *Schabat* como nosso torrão natal, como nossa fonte e destino. É um dia no qual abandonamos nossas atividades plebeias e recuperamos nosso estado autêntico, em que podemos partilhar da bem-aventurança na qual somos o que somos, independentemente de sermos ou não eruditos, de nossa carreira ser um sucesso ou um fracasso; é um dia de independência das condições sociais.

Durante a semana podemos ponderar e nos preocupar se somos ricos ou pobres, se tivemos êxito ou malogro em nossas ocupações; se cumprimos ou se pouco faltou para alcançar nossas metas. Mas quem poderia sentir-se aflito ao contemplar os

6. Rabi Isaiah Horowitz, *Schnei Lukhot ha-Bril*, Frankfurt a.d. Oder, 1717, p. 131a.

lampejos espectrais da eternidade, exceto para sentir-se espantado ante a vaidade de estar tão aflito?

O *Schabat* não é um tempo para ansiedade pessoal ou preocupação, para nenhuma atividade que possa abafar o espírito de alegria. O *Schabat* não é um tempo de lembrar pecados, de confessar, de arrepender-se ou até de rogar por alívio ou por qualquer coisa que possamos necessitar. É um dia de louvação e não um dia de petições. Jejum, luto, demonstração de pesar são proibidos. O período de luto é interrompido pelo *Schabat*. E, se alguém visita um doente no *Schabat*, a pessoa deverá dizer: "Hoje é *Schabat*, é um dia em que a gente não deve se lamentar; logo estarás curado"[7]. É preciso abster-se de trabalho penoso e grande esforço no sétimo dia, até mesmo de esforço no serviço a Deus[8].

Por que as Dezoito Bênçãos não são recitadas no *Schabat?* É porque o *Schabat* nos foi dado por Deus para alegria, para desfrute, para repouso e não deverá ser prejudicado por preocupação ou sofrimento. Se houver algum doente na casa devemos nos lembrar disto enquanto recitamos a bênção: "Cure o doente", e ficaremos entristecidos e sombrios no dia do *Schabat*. É por esta mesma razão que recitamos no *Schabat*, depois das refeições, graças pedindo que "não haja tristeza ou pertur-

---

7. *Schabat* 12a.
8. "Rabi Scheschet costumava colocar seus estudantes num lugar exposto ao sol no verão, e num lugar abrigado no inverno, de modo que pudessem erguer-se rapidamente (quando lhes prelecionasse sobre o *Schabat*). Rabi Zera costumava procurar pares de estudiosos (empenhados em discussão erudita) e lhes dizia: 'Eu lhes peço que não o profanem' (o *Schabat*, ao negligenciar suas delícias e boas disposições)". *Schabat* 119 a-b.

bação no dia de nosso repouso"[9]. É um pecado ficar triste no dia do *Schabat*[10].

Pois o *Schabat* é um dia de harmonia e paz, paz entre homem e homem, paz dentro do homem e paz com todas as coisas. No sétimo dia o homem não tem o direito de intrometer-se com o mundo de Deus, de mudar o estado das coisas físicas. É um dia de repouso igualmente para o *homem e o animal*:

> Não farás nele algum trabalho nem tu, nem teu filho, nem tua filha, nem teu escravo, nem a tua escrava, nem o teu *boi*, nem teu *jumento*, nem *animal* algum teu, nem o forasteiro que vive da tua porta para dentro; para que descanse o teu escravo, e a tua escrava, como tu também descansas[11].

Uma ocasião, Rabi Salomon de Radomsk veio a uma determinada cidade, onde, disseram-lhe, morava uma anciã que conhecera o famoso Rabi Elimelekh. Ela era muito idosa para sair, por isso foi vê-la e pediu que lhe contasse o que sabia do grande Mestre.

– Eu não sabia o que se passava em seu quarto, porque trabalhava como uma de suas criadas, na cozinha da casa. Somente uma coisa posso lhe dizer. Durante a semana as criadas discutiam com frequência, entre si, como é usual. Mas, semana após semana, na sexta-feira, quando o *Schabat* estava a ponto de chegar, o espírito na cozinha era como o espírito na véspera do Dia da Expiação. Todos se sentiam dominados pela premência de pedir perdão um ao outro. Nós todos éramos tomados por um sentimento de afeição e paz interna[12].

9.   Al Nakawa, *Menorat ha-Maor*, 11,191.
10. *Sefer Hassidim*, ed. Wistinetzki, Berlim, 1924, p. 426; ver Jer. *Berakhol* 5b.
11. Deuteronômio 5:15.
12. K. Kamelar, *Dor De'ah*, Bilgorai, 1933, p. 127.

O *Schabat*, pois, é mais do que um armistício, mais do que um interlúdio; é uma profunda consciência harmônica do homem e do mundo, uma simpatia por todas as coisas e uma participação no espírito que une o que está abaixo e o que está acima. Tudo o que é divino no mundo é posto em união com Deus. Isto é o *Schabat*, e a verdadeira felicidade do universo.

"Trabalharás seis dias e farás neles tudo o que tens para fazer (Êxodo 20:8). É possível para um ser humano fazer todo o seu trabalho em seis dias? O nosso trabalho não fica sempre incompleto? O que o versículo pretende transmitir é: Repouse no *Schabat* como se todo o seu trabalho tivesse sido feito. Outra interpretação: *Repouse até mesmo do pensamento do trabalho*"[13].

Certa vez, um pio fez um passeio à sua vinha durante o *Schabat*. Ele viu uma brecha na cerca e, então, decidiu concertá-la quando terminasse o *Schabat*. Ao expirar o *Schabat* resolveu: uma vez que o pensamento de reparar a cerca ocorreu-me no *Schabat* não devo repará-la jamais[14].

13. *Mekilta ao* 20:9. De acordo com Edward Mahler, o verbo "*Schabat*" não significa "repousar" mas "tornar-se completo". *Schabató*, o substantivo, significa, na Babilônia, um ciclo no sentido cronológico, o dia em que a lua completa seu ciclo, o dia da lua cheia. *Der Schabbat*, ZDMG, LXII, pp. 33-79.
14. Jer. *Schabat* 15a.

DOIS

III. O Esplendor do Espaço

Uma interpretação alegórica de um antigo debate.

O tempo: cerca do ano 130.

O local: Palestina.

Os presentes: três mestres eruditos e um forasteiro. O lugar e o povo sob a dominação do Império Romano.

Rabi Iehudá ben Ilai, Rabi Yosé, e Rabi Schimeon ben Iochai estavam reunidos, e com eles havia um homem chamado Iehudá ben Guerim. Rabi Iehudá abriu a discussão e disse:

— Como são boas as obras desse povo (os romanos)! Eles fizeram estradas e praças de mercado, construíram pontes, erigiram casas de banhos.

Rabi Yosé permaneceu em silêncio.

Então Rabi Schimeon ben Iochai replicou e disse:

— Tudo o que fizeram, fizeram para si próprios. Fizeram estradas e praças de mercado para lá colocar rameiras; construíram pontes para arrecadar impostos para eles; erigiram casas de banhos para deleite de seus corpos.

Iehudá ben Guerim voltou para casa e relatou a seu pai e sua mãe tudo que eles falaram. E o relato disto espalhou-se até alcançar o governo. O governo decretou:

— Iehudá, que nos exaltou, deve ser exaltado; Yosé, que permaneceu em silêncio, deve ir para o exílio; Schimeon, que aviltou nossa obra, deve ser condenado à morte.

Quando Rabi Schimeon soube do decreto, levou consigo seu filho Rabi Eliazar e escondeu-se na Casa de Estudos. E sua mulher vinha todos os dias e, secretamente, trazia-lhes pão e uma jarra de água. Quando Rabi Schimeon soube que homens procuravam por eles e tentavam capturá-los, disse ao seu filho:

— Não podemos confiar na discrição de uma mulher, pois ela pode ser persuadida com facilidade. Ou, talvez, ela possa ser torturada até que revele nosso esconderijo.

Então, juntos, se dirigiram ao campo e se esconderam numa caverna, de modo que nenhum homem sabia o que lhes sucedera. E um milagre aconteceu: uma alfarrobeira cresceu dentro da caverna e uma fonte de água jorrou, dando-lhes assim suficiente comida e suficiente bebida. Tiraram suas roupas e se enterraram até o pescoço na areia. O dia todo estudavam a *Torá*. E quando a hora da prece chegava, colocavam suas vestes e rezavam, e depois as tiravam novamente e outra vez se enterravam na areia, para que suas roupas não se desgastassem. Assim ficaram doze anos na caverna.

Quando os doze anos chegaram ao seu término, Elias, o profeta apareceu e, postando-se à entrada da caverna, exclamou:

— Quem informará ao filho de Iohai que o imperador está morto e seu decreto foi anulado?

Quando ouviram isto, eles saíram da caverna. Vendo as pessoas arando os campos e espalhando as sementes, eles exclamaram:

– Estas pessoas abandonam a vida eterna e empenham-se na vida temporal!

O que quer que olhassem em volta era imediatamente consumido pelo fogo de seus olhos. Nisso, uma voz vinda dos céus, exclamou:

– Vós saístes para destruir o Meu mundo? Retornai à vossa caverna!

E foi assim que eles retornaram e lá habitaram por outros doze meses; pois foi dito, o castigo do perverso, no inferno, dura somente doze meses.

Quando os doze meses se esgotaram, ouviu-se uma voz dos céus dizendo:

– Saiam de vossa caverna!

Assim eles saíram. Onde quer que Rabi Eleazar feria, Rabi Schimeon curava. E Rabi Schimeon disse:

– Meu filho, se apenas nós dois restamos para estudar a *Torá*, isto será suficiente para o mundo.

Era a véspera do *Schabat* quando eles deixaram a caverna, e assim que saíram viram um ancião carregando dois feixes de mirtilo nas mãos, uma erva de doce aroma como o perfume do paraíso.

– Para que são eles, perguntaram-lhe.

– São para glorificar o *Schabat*, o velho replicou.

Disse Rabi Schimeon a seu filho:

– Olhe e veja quão preciosos são os mandamentos de Deus para Israel...

Neste momento ambos encontraram tranquilidade de alma[1].

---

1. *Schabat* 33b e a versão inglesa no *Maasé Book*, traduzido por Moses Gaster, Jewish Publication Society, Filadélfia, 1934, p. 25 e ss.

Há uma massa de significados crípticos nesta silenciosa e solitária historieta, daquele que, ultrajado pelo escândalo do tempo profanado, recusou-se a celebrar o esplendor do espaço civilizado. Ela descreve simbolicamente como Rabi Schimeon ben Iohai e seu filho foram da exasperação à repulsa por este mundo, o que resultou de sua tentativa real de destruir aqueles que estavam empenhados em atividades mundanas, para uma reconciliação com este mundo. O que agitou estes homens não foi, como é usualmente entendido pelos historiadores[2], o mero ressentimento patriótico contra o poder que havia vencido e perseguido o povo da Judéia. Pelo desenvolvimento da história torna-se óbvio que, desde o princípio, o problema não era somente o poder romano mas, também, a civilização romana. Depois de passarem doze anos na caverna, a extensão do caso expandiu-se ainda mais. Não era mais uma civilização particular mas, toda a civilização, o valor da vida terrestre que se tornou o problema.

Roma, naquele período, estava no auge de sua glória. Ela era a senhora do mundo. Todas as nações mediterrâneas jaziam a seus pés. Seu comércio se estendia para além das fronteiras do Império da Escandinávia ao norte, da China ao leste e sua civilização alcançara um alto grau de perfeição nas artes técnicas. Em todas suas províncias sinais de imenso progresso na administração, na engenharia e na arte da construção eram amplamente visíveis. Era a ambição de seus governantes expressar o esplendor de sua época adornando com monumentos públicos cada província do seu império. Foros, teatros, anfiteatros, banhos públicos, aquedutos e pontes construídos em

2. Cf. e.g., J. H. Weiss, *"Zur Geschichte der Judischen Tradition"* (Hebraico), 11,143.

muitas cidades constituíam amiúde maravilhas de perícia de edificação.

Roma, ela mesma, elevava-se em sua glória como a cidade para a qual "os olhares dos homens e deuses estavam voltados". Mesmo gerações após este período, um poeta ainda podia atestar, "que o Céu não poderia mostrar nada mais luminoso; que nenhum olho abarcaria sua imensidão, nenhum coração sentiria sua beleza, nenhuma língua cantaria todo o louvor dela"[3]. O Coliseu com sua esmagadora solidez, o Panteão com sua grandiosa abóbada e, particularmente, o *Fórum* de Trajano, um edifício de incomparável magnificência e "admirado até pelos deuses" pareciam proclamar que o Império e a eternidade eram uma só coisa. O homem antigo estava propenso a crer que monumentos durariam para sempre[4]. Por isso, foi apropriado conceder o mais precioso epíteto à Roma e chamá-la: *A Cidade Eterna*[5]. O estado tornou-se um objeto de adoração, uma

3. Friedlaender, *Roman Life and Manners*, Londres, 1908, 1,6.

4. Ver, por exemplo, a inscrição na tumba de Midas, Diógenes Laércio, *Lives of Eminent Pholosophers*, ed. Loeb, 1,99 e s.: "Eu sou uma donzela de bronze e repouso sobre a tumba de Midas. Enquanto a água fluir e grandes árvores crescerem, e o sol elevar-se e reluzir, bem como a lua brilhante, e os rios correrem e o mar banhar a costa, aqui, abrigada em sua tumba, em forma de fonte de lágrimas, eu contarei aos passantes — Midas foi enterrado aqui". Um modo de ver similar é sugerido em Ioschua 4:7.

5. A designação de *urbs aeterna* já ocorre em Tíbulo, e nos *Fastos de Ovídio* (3,78) e, frequentemente, nos documentos oficiais do Império, ver *Thesaurus Linguae Latinae*, I, 1141. Jerusalém nunca é chamada de '*ir*' *olam*. No período helenístico o epíteto eterno é enfaticamente aplicado a Deus, *ribom haolamin*, θεός (κύριος, βασιλεὺς) αἰώνιος. Ver W. Bousset, *Die Religion des Judentums*, 3a ed., Tübingen, 1936, p. 311, n. 5. Encontramos, entretanto, a expressão '*am olam*' em Isaías 44:7; em Ezequiel 36:20, e na bênção em Jeremias 17:25. A expressão para cemitério, *beil olam*, Eclesíastes 12:5, é uma antiga frase oriental.

divindade; e o Imperador encarnou sua divindade como encarnou sua soberania.

É difícil não se impressionar com os triunfos do Grande Império e discordar do brando e gentil Rabi Iehudá ben Ilai que reconheceu o benefício que isto trouxera a muitas terras: "Como são boas as obras deste povo! Eles fizeram ruas, construíram pontes, erigiram casas de banhos!" E, no entanto, para Rabi Schimeon ben Iohai tais triunfos eram chocantes, odiosos e repulsivos. Ele menoscabava o espírito calculista e utilitarista da civilização romana. Sabia que todos estes esplêndidos edifícios e instituições públicas não eram construídos pelos romanos a fim de ajudar o povo, mas para servir aos seus nefastos desígnios: "Tudo o que eles fizeram, o fizeram para si próprios"[6].

Quando Rabi Schimeon ben Iohai abandonou o mundo da civilização para passar muitos anos na caverna, sentado na areia, coberto até o pescoço, ele se privou da vida mundana para atingir a "vida eterna". No entanto, esta era uma consecução que dificilmente teria significado para seus perseguidores. Para a maioria dos romanos a eternidade era quase um conceito terreno. A sobrevivência da alma consistia não em ela ser levada embora para uma existência supraterrena e abençoada. Imortalidade significava, seja fama, ou seja o apego de alguém à sua casa, à sua morada terrena, mesmo após a morte. Mas, Rabi Schimeon abandonou sua casa, assim como o caminho da fama, o qual se prende, em geral, ao fato da pessoa estar ativa nos negócios do mundo. Ele fugiu do mundo onde a *eternidade era o atributo de uma cidade* e, foi para a caverna, onde encontrou uma maneira de dotar a vida com uma qualidade de eternidade.

6. Crítica semelhante ao governo romano foi expressa no círculo do Rabi Iohanan ben Zakai, *Baba Batra* 10b; ver também *Pesikta* de Rav Kahana 95b. Louvor ao Império Romano é expresso pelo Rabi Schimeon ben Laqish, *Gênese Rabá* 9,13.

Os romanos não alimentavam nenhuma convicção de que existisse, em geral, qualquer vida após a morte, e por certo, não alimentavam qualquer convicção acerca de uma felicidade imortal ou recompensa[7]. O ardente anelo para uma crença assim era algo que o espírito romano não poderia satisfazer. "O corpo morre, a personalidade desaparece, nada remanesce vivo exceto a lembrança de virtude e realizações do falecido"[8]. O termo imortalidade tornou-se *uma metáfora*, significando que a pessoa é relembrada pelo povo; uma metáfora que até os dias de hoje prende muitos pregadores em seu feitiço. Em um apelo ao Senado para que "fosse erigido um monumento com o formato mais nobre possível", para os soldados da legião de Márcio, que tombaram em batalha, Cícero disse: "Breve é a vida dada a nós pela natureza; mas a memória da vida a que se renunciou nobremente é duradoura [...] Deve-se, portanto, mandar erigir um monumento por esplêndido artífice e talhar nele uma inscrição; e – apostrofando os soldados caídos – em seu louvor, quer os homens venham a contemplar vosso monumento, quer venham a ouvir falar dele, nunca deverá a linguagem da mais profunda gratidão ficar silente. Assim, em troca do estado mortal da vida, vós tereis conquistado para vós mesmos a imortalidade"[9]. Em outra ocasião, ele falou a respeito de uma reunião pública na qual "todo o povo de Roma concedeu-me não um voto de agradecimento que passaria com

---

7. W. W. Fowler, *The Religious Experience of the Roman People*, p. 387; G. F. Moore, *History of Religions*, 1,551. Ver especialmente Erwin Rohde, *Psyche*, Tübingen, 1925, II, p. 336 e ss.
8. Rohde, *Psyche*, II, p. 395.
9. *Filípicas*, XIV, 12. De acordo com antiga máxima, "os prazeres são transitórios, e as honrarias são imortais", Diógenes Laércio, 1.97.

o dia, mas eternidade e imortalidade"[10]. De fato, foi precisamente a compreensão de qual era o significado de eternidade que determinou a retirada de Rabi Schimeon do mundo. Era uma espécie de ideia que, ocasionalmente, surgia nas mentes dos filósofos estoicos, em Roma, e que inspirou Sêneca a dizer que os deuses nos ordenaram "a nos prepararmos para nos unirmos a eles em algum tempo futuro e a planejar para a imortalidade"[11].

As recompensas que a maioria das pessoas almeja eram de pouco valor para Rabi Schimeon ben Iohai. As coisas deste mundo não o cativavam mas, sim, todo o mundo destinado ao declínio. Ou deve-se considerar eterna a fama que se alcança entre os homens? Que valor tem ser relembrado pelos homens?

Toda a carne é feno, toda a sua formosura é como a flor do campo [...]
Secou-se o feno, e feneceu a flor; mas a palavra de nosso Deus permanece para sempre[12].

O mundo é transitório, mas aquilo pelo qual o mundo foi criado – a palavra de Deus – é duradouro[13]. A eternidade é alcançada pela dedicação da vida de uma pessoa à palavra de Deus, ao estudo da *Torá*.

Até o dia de hoje, a ideia da *Torá* como a fonte da eternidade é proclamada em nossas preces. É pelo dom de perceber o gosto da eternidade na dedicação à *Torá* que continuamente

10. *Mihi populus Romanus aeternitatem immortalitatem quem donavit, Oratio in Pisonem*, 7. Sobre a verdadeira atitude de Cícero a respeito do problema da imortalidade, ver Rohde, l.c., p. 326, 1.

11. *Epistolae Morales* (Loeb Classics) CII, 29. Ver A. Kaminka, in *Sefer Klausner*, Tel Aviv, 1937, p. 172.

12. Isaías 40:6.8.

13. Ver a exposição de Rabi Akiva que era o mestre de Rabi Schimeon em *Avot* 3,14.

nós agradecemos e dizemos: "Bendito sejas tu [...] que nos destes a *Torá* [...] e implantastes dentro de nós *vida eterna*"[14]. E quando formos daqui e descansarmos no mundo vindouro – qual é a bem-aventurança que esperam as almas dos justos? É começar a entender o profundo significado da *Torá*. "Coisas que são encobertas dos homens, neste mundo, se tornarão transparentes como globos de cristal"[15].

Para Rabi Schimeon a eternidade não seria alcançada por aqueles que trocaram tempo por espaço mas, por aqueles que souberam como preencher seu tempo com espírito. Para ele o grande problema era o *tempo*, mais do que o *espaço*; a tarefa era como converter o tempo em eternidade, mais do que, como preencher o espaço com edifícios, pontes e estradas; e a solução do problema está em estudar e rezar, mais do que, na geometria e na engenharia.

14. Bênção recitada após a leitura da *Torá*.
15. *Pesikta*, ed. Buber, p. 39b.

IV. Somente o Céu e Nada Mais?

Não foi a força do desespero que alimentou o desdém de Rabi Schimeon pelos afazeres deste mundo. Por trás de seu contundente repúdio pelo mundano discernimos uma sede pelos tesouros da eternidade, e um senso de horror, ao ver como as pessoas estavam desperdiçando suas vidas no encalço da *vida temporária* e negligenciando a busca da *vida eterna*. Em sua sede infinita não via atalhos nem base para compromisso. O dever de estudar a *Torá* – que era o caminho para alcançar a eternidade – tinha um direito exclusivo sobre toda a vida: *"Este Livro da Torá não deve sair de tua boca mas tu deves meditar sobre seu conteúdo dia e noite"* (Josué 1:8). Omitir, ceder, mesmo por uma hora, era privar-se de uma parte da vida eterna, um ato de suicídio parcial. Por isso, Rabi Schimeon não poderia senão olhar qualquer atividade secular como iniquidade.

Um contemporâneo mais velho de Rabi Schimeon ben Iohai, o eminente herético Alischa ben Abuya, adotou uma visão oposta. Encantado com a mundana cultura do helenismo, ele visitava as escolas e tentava desviar os alunos do estudo da

Torá, incitando-os a dedicar suas energias à alguma ocupação mais prática:

"Fora daí, seus preguiçosos, parem de desperdiçar ociosamente vossos dias. Comecem um trabalho humano: tu, torna-te um carpinteiro, e tu um pedreiro, tu um alfaiate, e tu um pescador"[1].

A renúncia deste mundo por Rabi Schimeon, e a obsessão de Elischa por este mundo, representaram um extremismo que encontrou pouco aplauso entre seus contemporâneos. O santo Rabi Iehudá ben Ilai, que discutiu em favor dos romanos com Rabi Schimeon, rejeitou suas exigências imoderadas ao homem. Pessoalmente, Rabi Iehudá era dado a severo auto sacrifício e austeridade. "Eu não desejo tirar proveito de nenhum prazer deste mundo"[2], dizia. No entanto, seu conselho aos outros era que o caminho ideal se encontrava no meio. A vida é comparada a duas estradas: uma de fogo e outra de gelo. "Se você anda por uma, será queimado e, se anda por outra, será congelado. O que se deve fazer? Andar no meio"[3].

Completamente diferente era o ponto de vista de Rabi Schimeon. "As Escrituras dizem: (Deuteronômio 11:14) *E você deverá juntar em seu grão* – o que tem este ensinamento a nos dizer? Visto que está escrito: *Este livro da Torá não deve sair de tua boca mas tu deves meditar sobre teu conteúdo dia e noite* (*Josué 1:8*), é possível pensarmos que estas palavras devem ser entendidas tal como estão escritas (isto é, que não se deve devotar tempo a qualquer outra atividade, como ganhar a vida); portanto, há um ensinamento que diz: *E tu deves juntar o teu grão*, ou seja, mantenhas, ao mesmo tempo, uma ocupação terrena. Estas são as palavras

1. Jer. *Haguigá* 77b.
2. Jer. *Haguigá* 77b.
3. *Avot de Rabi Natan*, cap. 28.

de Rabi Ischmael. Rabi Schimeon ben Iohai diz: é possível ao homem lavrar no tempo de lavratura, semear no tempo de semeadura, colher no tempo da colheita, debulhar no tempo da debulha, e joeirar no tempo da joeira – o que acontecerá à *Torá?*[4]

Rabi Schimeon e seu filho aparecem nesta história como os antípodas de Prometeu. Quando Zeus, em um ato de vingança, recusou fogo aos homens, Prometeu roubou-o dos deuses, no céu, e o trouxe para baixo, para os homens na terra, escondeu-o dentro de um talo oco e ensinou-lhes o uso das artes técnicas. Por este ato, foi glorificado pelos homens como o fundador da civilização, e por este ato, foi punido pelos deuses e acorrentado a um rochedo, onde a cada dia uma águia devorava seu fígado, que era curado de novo, à noite[5]. Em comparação, Rabi Schimeon tentou, por assim dizer, tirar o fogo do homem, reprovando-os por se ocuparem da arte do cultivo do solo. Por isto, ele foi advertido por uma voz celestial e punido com o confinamento na gruta, por doze meses.

O momento mais desconcertante da história dá-se no seu final, no epílogo. Depois de passar doze anos na gruta, em estudo e oração, os dois santos persistiram em sua condenação de todas as atividades mundanas. Tendo sido reprovados por uma voz celestial, e tendo passado mais doze meses de penitência na gruta, o pai ficou curado de sua negação do mundo. O filho, entretanto, não fez a paz com o mundo, mesmo então; a não ser quando ambos depararam com o "velho", carregando dois feixes de mirtilo, em honra do *Schabat*, e esta visão deu aos dois a tranquilidade de espírito. Qual era o significado simbólico dessa visão? Por que ela indicou uma solução ao trágico problema da civilização?

4. *Berakhot* 35b.
5. Ver J. G. Frazer, *The Myths of the Origin of Fire*, Londres, 1930, p. 193 e s.

A doutrina de Rabi Schimeon era: Existe apenas o céu, e nada mais; porém, o céu o contradisse e lhe falou: Existe o céu, e tudo o mais. Sua cólera marcial foi incisivamente quebrada pela Voz: *Tu saístes para destruir meu Mundo?* Aquilo que Rabi Schimeon execrou, a Voz endossou.

Foi somente quando Rabi Schimeon e seu filho saíram da gaita, no final de seu segundo período de retiro, que suas mentes se reconciliaram com a ideia de que o mundo, deste lado do céu, era digno de ser trabalhado. O que causou esta mudança de espírito?

Foi o "velho" — simbolizando o povo de Israel — que saiu para ir ao encontro do *Schabat* com mirtilos em sua mão, como se o *Schabat* fosse *uma noiva.*

O mirtilo era, nos tempos antigos, o símbolo do amor, o ramo da noiva. O noivo, ao se dirigir para convidar seus amigos para as bodas, carregava rebentos de mirtilo em suas mãos[6]. Durante a cerimônia do casamento era costume, em alguns lugares, recitar a bênção sobre o mirtilo[7]. Um dossel de mirtilo sobre a cabeça era erigido para a noiva[8], enquanto o noivo usava uma guirlanda de rosas ou mirtilos[9]. Era costume executar uma dança com ramos de mirtilo diante da noiva. Rabi Iehu dá ben Ilai, o colega de Rabi Schimeon ben Iohai,

6.   *Beit Midrasch*, V, 153.
7.   *Mischné Torá, Ishut* 10,4.
8.   Raschi, *Schabat*, 150b.
9.   *Mishná Sola* 9A4; *Tosefta* 15,8; *Talmud* 49b.
    A palavra hebraica para mirtilo, *hadassá,* era o nome original da bela Ester (Ester 2:7). Na poesia de Halevi, a noiva é descrita como "uma árvore florida de mirtilo entre as árvores do Éden. Ver I. Löw, *Die Flora der Jaden*, 11,273. Na mitologia grega, o mirtilo é a planta especial de Afrodite e o símbolo do amor. Pauly Wissowa, s. v. Afrodite, p. 2767; s. v. Mirtilo, p. 1179.

nosso conhecido por sua participação no debate sobre Roma, foi louvado por seus esforços em trazer alegria à toda noiva. Ele levava ramos de mirtilo a um casamento, dançava diante da noiva e exclamava: bela e graciosa noiva![10] O "velho" que se apressava no crepúsculo, para dar as boas-vindas ao *Schabat*, segurando dois feixes de mirtilo em suas mãos[11], personificava a ideia de Israel acolhendo o *Schabat* como uma noiva[12].

10. *Kelubot* 17a. Rabi Samuel, o filho de Rabi Itzkhak, dançava com três ramos. Dizia Rabi Zera: o velho está nos envergonhando. Quando Rabi Samuel morreu, um pilar de fogo apareceu, separando-o do resto do mundo. E há uma tradição de que um pilar de fogo estabelece tal separação somente para um ou dois homens em uma geração. Ver também Jer. *Peá* 15d; Jer. *Avodá Zará* 42c.

11. O mirtilo veio a ser considerado a planta do *Schabat* ("O *Schabat* necessita do mirtilo", *Sefer Hassidim*, ed. Wistinetzki, Frankfurt a.M, 1924, 553, p. 145). De acordo com Rabi Itzkhak Lúria, muitas pessoas levariam ao anoitecer de sexta-feira dois feixes de mirtilo, recitariam a bênção sobre eles e aspirariam sua fragrância. Ver *Schidkhan Arukh* de Rabi Itzkhak Lúria, Vilna, 1880, p. 29a; ver também Rabi Isaiah Horowitz, *Schnei Lukhot ha-Brit*, Frankfurt a.d. Oder, 1717, p. 133b. A explicação de Lauterbach sobre o uso do mirtilo no *Schabat*, *Hebrew Union College Annual*, XV, p. 393 e s., é incongruente com seu papel na história de Rabi Schimeon ben Iohai. Na conclusão do *Schabat*, quando a alma adicional vai embora, a pessoa deve se refrescar aspirando ervas aromáticas, pois, neste momento, "a alma e o espírito estão separados e tristes até que o aroma os atinge, os une e fá-los felizes". *Zohar* III, p. 35b. De acordo com Ibn Gabai, *Tola'al Jacob*, p. 30a, o mirtilo é preferível para esta finalidade. Compare as outras fontes citadas por Lauterbach, *Hebrew Union College Annual*, XV, p. 382 e s. O *Talmud* menciona sempre o uso de ervas aromáticas para a cerimônia da *havdalá* e nunca se refere especificamente ao mirtilo. Até hoje, o costume de recitar a bênção sobre ervas aromáticas, contidas em uma caixa de especiarias, é comum durante a *havdalá*.

12. Seguindo a afirmação do "velho", de que ele levava dois feixes de mirtilos em honra ao *Schabat* (ver acima, p. 51), Rabi Schimeon lhe perguntou: "Mas um não lhe seria suficiente? "O velho replicou: "Um é para 'Lembrar'

Para os romanos a civilização técnica era a suprema meta, e o tempo está a bem do espaço. Para Rabi Schimeon a vida espiritual era a suprema meta, e o tempo está a bem da eternidade. Seu conclusivo consolo era: apesar de toda dedicação às coisas temporais, havia um destino que salvaria o povo de Israel, um compromisso mais profundo que todos os interesses – o compromisso para com o *Schabat.*

Esta, então, é a resposta ao problema da civilização: não fugir do reino do espaço; trabalhar com as coisas do espaço, mas estar apaixonado pela eternidade. As coisas são nossas ferramentas; a eternidade, o *Schabat,* é nossa companheira. Israel está prometido à eternidade. Mesmo se eles dedicarem seis dias da semana às atividades terrenas, suas almas são reclamadas pelo sétimo dia.

e, um é para Guardar' ". Isto era uma alusão às duas diferentes palavras com as quais o mandamento do *Schabat* começa nas duas versões dos Dez Mandamentos (Êxodo 20:8 e Deuteronômio 5:12). De acordo com um antigo texto místico, "Lembrar" é uma referência ao princípio masculino, e "Guardar", ao princípio feminino, *Bahir,* Vilna, 1913, p. 17d. Isto, nós podemos presumir, sugeriu ao Rabi Schimeon a ideia de que o *Schabat* era a noiva e Israel o noivo.

v. "Tu és Um"

Uma alegoria

No começo, o tempo ara uno, eterno. Mas tempo indiviso, tempo eterno, não teria relação com o mundo do espaço. Assim, o tempo foi dividido em sete dias e entrou em íntima relação com o mundo do espaço. Em cada dia, em particular, outro reino de coisas vieram a existir, exceto no sétimo dia. O *Schabat* era um dia sozinho. Ele pode ser comparado a um rei que tem sete filhos. Para os seis deles, deu-lhes suas riquezas, e para o mais jovem dotou-o de nobreza, com a prerrogativa de realeza. Os seis mais velhos, que eram pessoas comuns, encontraram suas companheiras, mas, o nobre permaneceu sem uma companheira.

Disse Rabi Schimeon ben Iohai:

Depois que o trabalho da criação foi completado, o Sétimo Dia suplicou: Senhor do universo, tudo o que Tu criastes é aos pares; à cada dia da semana Tu destes uma companheira; só eu permaneci sozinho. E Deus respondeu: A Comunidade de Israel será sua *companheira*.

Esta promessa não foi esquecida. "Quando o povo de Israel estava postado diante do monte Sinai, o Senhor lhes disse: '*Lembrai-vos* do que Eu disse ao *Schabat*: A Comunidade de Israel é vossa companheira'. Por isso: *Lembrai-vos* do dia do *Schabat* para santificá-lo" (Êxodo 20:8). A palavra hebraica *le--cadesch*, santificar, significa na linguagem do *Talmud*, consagrar uma mulher, desposar. Assim, o significado desta palavra, no Sinai, foi o de imprimir sobre Israel o fato de que seu destino é o de ser o noivo do dia sagrado, o mandamento para esposar o sétimo dia[1].

Com toda a sua grandeza, o *Schabat* não se basta a si mesmo. Sua realidade espiritual clama pela companhia do homem. Há uma grande aspiração no mundo. Os seis dias têm necessidade de espaço; o sétimo dia tem necessidade do homem. Não é bom que o espírito permaneça só, por isso, Israel foi destinado a ser um cônjuge do *Schabat*.

Para entender o significado desta nova concepção é importante estar ciente da atmosfera reinante naquele tempo. Rabi Schimeon pertencia à uma geração a qual, sob a liderança de Bar Kokhba, levantou-se em armas contra o poder de Roma, num último esforço para reconquistar a independência e re-

---

1. *Gênese rabá* 11,8. A interpretação ora oferecida é alegórica; compare *Beure Hagra*, Gaon de Vilna, Varsóvia, 1886, p. 98. O relacionamento de Israel com Deus é, em parte, um fato aberto da história e, em parte, um mistério, um ato íntimo. Para Rabi Schimeon ben Iohai, o *Schabat* é o signo do mistério nessa relação. Disse ele: Todas as *mitzvot*, todos os mandamentos, o Santíssimo deu à Israel, em público, exceto o *Schabat*, que foi dado em particular, como está escrito *entre Eu e Israel existe um sinal para Israel que durara para sempre le-'olam*, (Êxodo 31:17). *Entre {...} e* é uma expressão hebraica para intimidade de esposo e esposa (cf. *Nedarim* 79b). A palavra *le-'olam* (para sempre) é escrita de tal forma que pode ser lida como se fosse vocalizada *le-'alem*: para ser conservada como um segredo (*Bezá* 16a).

construir o Templo, em Jerusalém. Israel, sem o santuário, parecia sozinho no mundo. A revolta foi esmagada; tornou-se claro que não havia possibilidade de outro levante. O santuário no espaço ia ficar em ruínas por muitos e longos dias. Mas a ideia de Rabi Schimeon proclamava que Israel não estava só. Israel está prometido à santidade, à eternidade. O casamento fora feito muito antes da história começar; o *Schabat* era uma união que ninguém podia desunir. O que Deus juntou não pode ser separado.

Em um período quando, em Roma, a deificação do Imperador era uma doutrina oficial, Rabi Schimeon enalteceu a mais abstrata das coisas: o tempo, o sétimo dia. A tradição judaica tem uma aversão à personificação, embora, em suas alegorias ela retoricamente personifique a sabedoria da *Torá*. A audácia de Rabi Schimeon foi a de enaltecer um dia e a de proclamar a união íntima de Israel e do *Schabat*.

O conceito de Rabi Schimeon alude à ideia que a relação do homem com o espírito não é unilateral; existe uma reciprocidade entre o homem e o espírito. O *Schabat* não é somente uma instituição legal, um estado de espírito ou uma forma de conduta, mas é um processo no mundo do espírito. No início do tempo havia um anelo, o anelo do *Schabat* para o homem.

Por meio de Rabi Schimeon ben Iohai, a luz de uma grande ideia foi captada no espelho de uma palavra, aquela que veicula o destino de um povo e o nimbo de um dia. Ela não ficou na teoria; foi uma introvisão que fez história. Entranhou na alma do povo, encontrou expressão através dos séculos em seus pensamentos, cânticos e costumes.

Apenas duas gerações haviam se escoado, desde o tempo do Rabi Schimeon, e viu-se um novo tom na celebração do dia. Por volta de meados do terceiro século, doutos notáveis falavam do sétimo dia, não como referência a um tempo abstrato, ilusório e a passar constantemente por nós. O dia era uma presença viva e, quando chegava, sentiam como se um conviva viesse para visitá-los. E, certamente, um hóspede que chega para uma visita, em amizade ou respeito, deve receber boas-vindas. Conta-se, de fato, que Rabi Ianai costumava vestir seus trajes à véspera do *Schabat* e, então, dirigir-se ao etéreo convidado: "*Vem, Ó Noiva, Vem, Ó Noiva* "[2]. De outro contemporâneo, Rabi Hanina o Grande, sabemos que, ao pôr-do-sol da véspera do *Schabat*, ele se vestia em belos trajes, irrompia numa dança[3] e exclamava, presumivelmente na presença de seus amigos: "Vinde, vamos sair para dar as boas-vindas à *Rainha Schabat*"[4].

2.   *Schabat* 119a. A primeira residência de Rabi Ianai foi em Séforis. Rabis posteriores encontraram uma alusão à ideia do *Schabat* como noiva no mundo *vaikulu* (Gênese 2:1). *Lekhá Tov*, ed. Buber, Vilna, 1884, p. 9a. Cf. a citação retirada do *Midrasch Haschkhem* em Al Nakawa, 11,191.

3.   Rabeinu Hananel, *Baba Kama* 32a. Cf. R. Rabinowicz, *Variae lectiones, ad locum.*

4.   *Schabat* 119a. Rabi Hanina ben Hama de Séforis, faleceu cerca do ano 250. Nenhuma inconsistência existe, por certo, em denominar o *Schabat* tanto "noiva" quanto "rainha". Um antigo provérbio hebraico afirma "o noivo é qual um rei". *Pirkei de Rabi Eliezer*, cap. 16, final. Especificamente é dito no *Zohar, Raia Mehemna*, III, 272b: "O *Schabat* é tanto rainha quanto noiva." - Se o dia é uma noiva, quem é o rei? Nas elocuções dos eruditos há pouco citadas, nada é dito a este respeito. Para Rabi Schimeon ben Iohai, entretanto, o *Schabat* é o par de Israel. Todavia, no correr do tempo, a idéia assumiu nova conotação. De fato, Rabi Iohanan, um erudito do terceiro século, fala do *Schabat* como sendo a rainha de Deus. Ver *Deaterônimo rabá* 1,18; *Êxodo rabá* 25,11. Rabi Iohanan, o famoso chefe da Academia, em Tiberíades, que faleceu cerca do ano 279, era um discípulo do Rabi Hanina o Grande (ver Jer. *Baba Metzia*, cap. 2, final; Bab. *Nidá* 20b) e do Rabi Ianai (*Baba Batra* 154b: Ievamot 92b).
   O famoso homiliasta do terceiro século, Rabi Levi, um discípulo ou um contemporâneo de Rabi Iohanan, adotou a mesma metáfora. Ele explicou

Há dois aspectos em relação ao *Schabat*, como há dois aspectos em relação ao mundo. O *Schabat* é significativo para o homem e é significativo para Deus. Ele está relacionado com ambos, e é um signo do pacto assumido por ambos. Qual é o signo? Deus santificou o dia, e o homem deve sempre, de novo, santificar o dia, iluminar o dia com a luz de sua alma. O *Schabat*

por que um menino não é circuncidado até o oitavo dia: é como se fosse um rei que entra em uma província e emite um decreto, dizendo: "Que nenhum visitante, aqui presente, veja minha face até que não tenha visto, primeiro, a face de minha dama". A dama é o *Schabat*. Como não pode haver sete dias contínuos, sem um *Schabat*, a criança é exposta ao pacto do *Schabat*, antes de ser admitida ao pacto da circuncisão. *Levítico rabá* 27,10. Nas épocas subsequentes, a segunda concepção prevaleceu: o *Schabat* é a noiva, e Deus é como o noivo. O *Schabat* é a união do noivo com sua esposa celestial. Rabi David Abudraham que viveu em Sevilha, Espanha, cerca de 1340, diz: Porque o *Schabat* e a Comunidade de Israel são a Noiva, e Deus é o Noivo, nos rezamos: Permita-nos que possamos ser como Tua noiva, e que Tua noiva possa encontrar tranquilidade em Ti, como é dito em *Ruth rabá*: uma mulher não encontra tranquilidade em parte alguma, exceto em seu marido. Abudraham, Praga, 1784, 44c; ver também 45a. O *Midrasch* que se refere a isto é provavelmente o de *Ruth rabá*, 1,15 à 3,1. Ver Rabi Moses ben Abrahão Katz, *Malé Moshé*, cap. 450. Esta é também a maneira pela qual o termo "noiva", em *Lekhá Dodi* é usualmente entendido, ver a citação em *Iessod ve-Schoresch ha-Avodá*, Jerusalém, 1940, p. 164. Ver também *Tikunei Schabat*, Dyhenrnfurth, 1692, f. 28. O *Schabat* é um sinônimo para *Schekhiná*, para a presença de Deus no mundo, *Zohar*, III, 287a. Ver *Bahir*, Vilna, 1912, p. 17c. Raschi, o comentarista clássico, por temor de que a metáfora feminina conduzisse a equívocos, tentou despojá-la de qualquer significado literal mudando seja o gênero, seja o objeto da metáfora. Rabi Hanina, ele dizia, procedeu "como alguém que sai para encontrar o *Rei*" (*Baba Kama* 32a). Ou: "Por afeição ele denominou a celebração do Schabat 'rainha'". (*Schabat* 119a)! Similarmente, Raschi afirma que Rabi Nakhman bar Itzkhak acolhia o *Schabat* "como alguém que acolhe seu professor" (*Schabat* 119a). Ver também Al Nakawa, *Menorat ha-Maor*, 111,586. Maimônides, *Mishné Torá*, *Schabat* 30,2, emprega igualmente o termo "rei".

é santo pela graça de Deus, e ainda tem necessidade de toda a santidade que o homem pode emprestar a ele.

O *Schabat* é significativo para Deus, pois, sem ele, não haveria santidade em nosso mundo do tempo. Ao discutir o significado do versículo, *"e no sétimo* dia Ele terminou Sua obra"[5], os antigos rabis sugeriram que um ato da criação teve lugar no

Foi o profeta Oséias o primeiro a usar a ideia do amor romântico e casamento ao descrever a relação de Deus com Israel. Deus, de acordo com ele, está casado com Seu povo, o ama como um marido ama sua esposa (3:1). No entanto, um outro profeta foi o primeiro a comparar esta relação com o amor de um noivo por sua noiva: "Como o noivo se regozija por sua noiva, assim deve teu Deus regozijar-se contigo" (Isaías 62:5). Rabi Berakhiá enumera dez lugares nas Escrituras, onde Deus se refere a Israel como uma noiva, *Deuteronômio rabá* 2,26; *Cânticos rabá*, 4:21; ver *Pesikta de-Rav Kahana*, ed. Buber, p. 147b.

A ideia tornou-se uma força na história da alma judaica. Ela dotou a vida da devoção com poesia sobre-humana. Encontrou seu auge na interpretação da maior canção de amor que o homem jamais conheceu: O *Cântico dos Cânticos*. O *Cântico dos Cânticos* assumiu somente um significado: aquele do diálogo entre Israel, a noiva de Deus, e seu Amado; uma alegoria da história de Israel desde o êxodo do Egito, até o tempo em que chegará o Messias. Sobre este tema ver Salfeld, *Das Hohelied Salomo's bei den jüdischen Erklärern des Millelalters*, Berlim, 1879; S. Lieberman, *Iemenite Midraschim* (hebraico), Jerusalém, 1940, p. 12.

O acontecimento no Sinai é descrito como um ato do contrato de casamento de Deus com Israel, *Deuteronômio rabá*, 3,12. *E Moisés trouxe o povo do campo para encontrar Deus.* (Êxodo 19:17). Disse Rabi Yosé: *O Senhor veio do Sinai* (Deuteronômio 33:2) "para receber Israel como um noivo vem para encontrar a noiva" *(Mekilta* ao 19:17). Compare Ziegler, *Die Königsgleichnisse des Midrasch*, Breslau, 1903, cap. 10. Há, entretanto, uma diferença essencial na maneira como a metáfora da noiva é usada pelos rabis daquela que era usada pelo profeta. Na declaração do profeta, Israel é chamado de noiva, e a iniciativa, a atenção, cabe a Deus. Nas palavras dos rabis, não Israel mas o *Schabat é* a noiva, e a iniciativa, a atenção, deve vir do homem.

5. Ver acima, p. 33.

sétimo dia. O mundo não teria sido completo se os seis dias não culminassem no *Schabat*. Geniba e os rabis discutiram este fato[6]. Geniba disse: Isto pode ser comparado a um rei que preparou a câmara nupcial, a qual rebocou, pintou e adornou; e, agora, o que falta na câmara nupcial? Uma noiva a adentrá-la. Similarmente, o que ainda falta no universo? O *Schabat*. Os rabis diziam: Imaginem um rei que faz um anel: O que falta nele? Um sinete. Similarmente, o que falta no universo? O *Schabat*[7].

O *Schabat* é a noiva, e sua celebração é como um casamento.

"Aprendemos no *Midrasch* que o *Schabat* é como uma noiva. Tal qual uma noiva que vem ao encontro do noivo, adornada e perfumada, assim o *Schabat*, vem ao encontro de Israel, encantador e perfumado, assim como está escrito: *E no Sétimo Dia Ele cessou de trabalhar e Ele descansou* (Êxodo 31:17), e imediatamente a seguir lemos: *E Ele deu a Moisés kekaloto* [a palavra *kekaloto* significa quando ele terminou, mas também pode significar] como sua noiva[8], para nos ensinar que, tal como uma noiva é encantadora e adornada, assim é o *Schabat* encantador e adornado; tal como um noivo se veste em seu melhores trajes, assim um homem, no dia de *Schabat*, se veste com suas melhores roupas; assim como um homem se alegra em todos os dias das bodas, assim o homem se rejubila no *Schabat*; assim como o noivo não trabalha no dia de seu casamento, assim o homem se abstêm do trabalho no dia do *Schabat*; e, por isso, os Sábios e os antigos Santos chamaram o *Schabat* de noiva.

"Há uma alusão a isto nas preces do *Schabat*. No serviço vespertino da sexta-feira dizemos: *Tu santificastes o sétimo dia*,

6. Geniba era um contemporâneo de Aba Arika que morreu no ano de 247, ver Jer. *Avodá Zará* II,42a.
7. *Gênese rabá* 10,9.
8. Ver *Êxodo Rabá* 41,6.

referindo-nos ao casamento da noiva e do noivo (santificação é a palavra hebraica para casamento). Na prece matinal, dizemos: *Moisés rejubilou-se com a dádiva* [do *Schabat*} conferida a ele, a qual corresponde ao júbilo do noivo para com a noiva. Na prece adicional fazemos menção aos *dois cordeiros, a delicada farinha para a refeição de oferenda, misturada com óleo, e a bebida desta*, referindo-se à carne, ao pão, ao vinho, e ao óleo usados no banquete nupcial. [Na derradeira hora do dia dizemos] *Tu és Um*, para comparar a consumação do casamento, pelo qual a noiva e o noivo são unidos"[9].

---

9.   Al Nakawa, *Menorat ha-Maor*, 2, p. 191. A celebração, "o *Schabat*, é, na realidade, casada com Israel e, a cerimônia da véspera do *Schabat*, é como a cerimônia de bodas, isto é, a condução da noiva à câmara. O *Schabat* é, também, denominado de Rainha por ser uma noiva real: todos os israelitas são príncipes. Esta é a razão por que o Rabi Hanina, ao pôr-do-sol do *Schabat*, exclama: Venham, vamos para fora acolher a rainha *Schabat*, pois, esta é a forma com que o noivo se adianta para acolher a noiva. Ao passo que, a maneira do Rabi Ianai era diferente, ele não diria saiamos para acolher a noiva, mas, ao contrário, ele permaneceria em seu lugar e, quando ela chegava, ele diria: Entre, noiva; Entre, noiva. Tal como a noiva chega, após a cerimônia, da casa de seu pai para a casa de seu marido". Rabi Samuel Edels (1555-1631), *Baba Kama* 32b.

VI. A Presença de um Dia

O que estes epítetos estão tentando celebrar? É o tempo, dentre todos os fenômenos, o menos tangível e o menos material. Quando celebramos o *Schabat*, adoramos precisamente algo que não vemos. Denominá-lo rainha, chamá-lo de noiva é, meramente, aludir ao fato de que seu espírito é uma realidade que encontramos, e não um espaço de tempo vazio que optamos por separar tendo em vista o conforto ou a recuperação.

Imaginavam os rabis que o *Schabat* era um anjo? Um ser espiritual?[1] O pensamento religioso não pode dar-se ao luxo de associar-se intimamente com os poderes da fantasia. Todavia, o conceito metafórico do *Schabat* não continha o perigo de deificação do sétimo dia, de concebê-lo como um anjo ou um

---

1. Os Falachas personificavam o *Schabat*. Para eles o *Schabat* é o anjo favorito de Deus, a quem todos os outros anjos adoram e, para quem, eles entoam uma canção; ver Louis Ginzberg, *The Legends of the Jews*, V,110. Sobre o problema geral de hipostatisação no judaísmo ver Paul Heinisch, *Personifikationen und Hypostasen im Alten Testament und im Alten Orient*, Münster, 121; e W. Bousset, *Die Religion des Judentums in Späthellenistischen Zeitalter*, 3a, pp. 342-357.

ser espiritual. Nada se interpõe entre Deus e o homem, nem mesmo um dia.

A ideia do *Schabat* como uma rainha ou uma noiva não representa uma imagem mental, algo que possa ser imaginado. Não houve quadro na mente que correspondesse a esta metáfora. Nem ela foi jamais cristalizada como um conceito definido, do qual consequências lógicas pudessem ser extraídas, ou elevadas a um dogma, um objeto de crença. O mesmo Rabi Hanina que celebrava o *Schabat* como se ele fosse uma rainha preferiu, em outra ocasião, comparar o *Schabat* com um rei[2].

Seria uma simplificação exagerada pressupor que os antigos rabis estivessem tentando personificar o *Schabat*, ao expressar uma imagem que estava em suas mentes. Entre personificar o tempo e chamá-lo de rainha ou noiva, a diferença é tão grande quanto a presunção de contar a soma exata de todos os seres e chamá-la de universo. Os rabis não acreditavam que o sétimo dia fosse dotado de traços humanos, com uma figura ou uma face; suas ideias não resultaram nem em iconografia visível nem verbal. Raramente iam além da aventura de acalentar os afetuosos termos de rainha ou noiva. Isso não se devia a escassez de poder imaginativo, mas por ser aquilo que estavam ansiosos em transmitir, maior do que aquilo que as mentes podiam visualizar ou as palavras dizer.

2. Rabi Ioschua ben Hanania dizia: Quando uma festa cai depois do *Schabat* (começando às vésperas da sábado) duas bênçãos devem ser proferidas, uma, na qual nós nos despedimos do *Schabat* (*havdalá*) e, uma, na qual nós acolhemos a festa (*kidusch*); primeiro devemos recitar a *havdalá* e então *o kidusch*. Explicava Rabi Hanina a razão para esta ordem: A hora em que o *Schabat* termina e, a festa se inicia, deve ser comparada a um rei que parte de uma cidade, e a um governador que nela chega; primeiro, você acompanha o rei, e depois, você se adianta para cumprimentar o governador. *Pesakhim* 103a.

Para a maioria de nós, uma pessoa, um ser humano, parece ser o ápice do existir, o teto da realidade; pensamos que personificar é glorificar. Algum de nós, no entanto, não se dá conta, por vezes, que uma pessoa não é um superlativo, que personificar o espiritualmente real é apequená-lo? A personificação pode ser tanto uma distorção, quanto uma depreciação. Há muitas pessoas no mundo mas, apenas, um *Schabat*.

A ideia do *Schabat* como uma rainha ou uma noiva não é uma personificação do *Schabat*, mas uma exemplificação de um atributo divino, uma ilustração da necessidade que Deus tem do amor humano; não representa uma substância, porém, a presença de Deus, Seu relacionamento com o homem.

Tal exemplificação metafórica não afirma um fato; ela expressa um valor, colocando em palavras a preciosidade do *Schabat*, como *Schabat*. A observância do sétimo dia é mais do que uma técnica de cumprimento de um mandamento. O *Schabat* é a presença de Deus no mundo, aberta à alma do homem. É possível à alma corresponder em afeição, confraternizar-se com o dia consagrado.

O sétimo dia estava repleto tanto de encanto quanto de majestade – um objeto de respeito, atenção e amor. No entardecer da sexta-feira, quando o *Schabat* está a ponto de açambarcar o mundo e a mente, a alma toda, e a língua ficam tomadas pelo tremor e alegria – o que há nisso que se possa dizer? Para aqueles que não se vulgarizaram, que protegem suas palavras a fim de que não sejam corrompidas, rainha e noiva significam majestade temperada com mercê e inocência delicada a espera de afeição.

A ideia do *Schabat* como uma noiva foi mantida por Israel; é o tema do hino *Lekhá Dodi* cantado na sinagoga. Até a santificação pronunciada sobre o vinho era explicada com a ideia que, assim como a cerimônia de casamento é realizada sobre um cálice de vinho, também o *Schabat* é "a noiva que entra sob a *hupá*". Neste dia a refeição da noite do sábado é chamada de "*o séquito da rainha*".

"A razão das pessoas estenderem a observância do *Schabat* até uma parte da noite do sábado, é para agradecer e mostrar que não é de seu gosto ver a saída do santo convidado, e que sua partida evoca um profundo sentimento de pesar. Daí por que, elas a retardam, e em sua grande afeição acompanham-na com cântico e prece [...] como é dito em um *Midrasch*: Isto pode ser comparado a uma noiva e rainha que é acompanhada com cântico e prece"[3].

O nome dado ao serviço vespertino da sexta-feira é *cabalat Schabat*. O que significa esta expressão? O termo *cabala* denota o ato pelo qual se assume uma obrigação. O termo neste sentido tem uma conotação de exatidão e restrição. Mas *cabala* em sua forma verbal também significa: receber, acolher, saudar[4]. Em seu primeiro significado, é aplicado a uma lei; em seu segundo, à uma pessoa. A questão surge quando se quer saber qual é o significado da palavra *cabala*, ao ser aplicado à palavra *Schabat*?

Sabe-se que, na literatura medieval, o termo *cabalat Schabat* é usado exclusivamente no primeiro sentido, denotando o ato pelo qual a gente assume a obrigação de repousar[5], o momento da cessação do trabalho. No entanto, é possível provar

3. Rabi Meir Ibn Gabai, *Tola'at Jacob*, Varsóvia, 1876, pp. 49, 38. Cf. a mesma referência em *ha-Manhig*, 70; *Makhsor Vitri*, p. 116; *Or Zarua*, Zitomir, 1862, II,49b. O costume está, talvez, indicado na passagem, citada na nota 2 deste capítulo.

4. *Avot* 1,15; 3,12.

5. *Halakhot Gaedolot*, p. 206, ver I. Mahrschen, *leschimin*, Berlim, 1922, IX,46. Cf. também *Or Zarua*, II,9b.

que, mesmo em um período anterior, o termo fora empregado no sentido de saudação ou acolhida calorosa do *Schabat*[6]. O que, então significa a expressão *cabalat Schabat*?

A resposta é que significa ambos: tem tanto um significado legal quanto espiritual; estes são inseparáveis um do outro. A distinção do *Schabat* está refletida nos significados gêmeos da expressão *cabalat Schabat* que quer dizer, aceitar a soberania, assim como, acolher a presença do dia. O *Schabat* é tanto uma rainha, quanto uma noiva.

---

6. "Quando o *Schabat* chega, nós o recebemos com cântico e melodia". *Midrasch Tehilim*, ed. Buber, cap. 92, p. 403. A visão geralmente aceita de que o serviço de acolhida do *Schabat*, incluindo a leitura dos Salmos 95, 96, 97,98, 99 e 29, foi primeiramente instituída por volta do fim do século XVI, pelos cabalistas de Sfat (I. Elbogen, *Derjudische Gottesdienst*, p. 108), é discutível. Já Al Nakawa, que viveu na Espanha e que foi morto no ano de 1391, menciona o costume de recitar o Salmo 96 à chegada do *Schabat*, que ele denomina de *mováe Schabat* (um termo por mim desconhecido de qualquer outra fonte; aparentemente corresponde a *molzáe Schabat*), ver *Menorá ha-Maor*, 11,182. A escolha destes Salmos, em particular, pode ser explicada com a referência à realeza de Deus, encontrada nestes Salmos. A ideia do *Schabat* como uma rainha é uma alusão à realeza de Deus. O cântico no serviço do *Musaf*: "Aqueles que guardam o *Schabat*, aqueles que o denominam um deleite se rejubilarão em Teu reino" (*Sidur Saadia*, p. 112), pode também constituir uma alusão à mesma ideia.

TRÊS

VII. A Eternidade Profere Um Dia

Por seis dias da semana o espírito fica sozinho, negligenciado, abandonado, esquecido. Trabalhando sob tensão, assediado por preocupações, enredado em ansiedades, o homem não tem cabeça para a beleza etérea. Mas, o espírito está a espera do homem para unir-se-lhe.

Chega então o sexto dia. A ansiedade e a tensão dão lugar à excitação que precede um grande acontecimento. O *Schabat* ainda está longe, mas o pensamento de sua chegada iminente provoca no coração da pessoa um anseio apaixonado de estar pronto e ser digno de recebê-lo.

"É uma dever de cada homem ser extrema, extremamente zeloso em efetuar os preparativos para o dia do *Schabat*, estar disposto e atento, como alguém que foi informado estar a rainha a caminho de sua morada para hospedar se ou que a noiva, e todo o seu séquito, estão chegando à sua casa. O que iria fazer esta pessoa? Haveria de se rejubilar muito e exclamar: 'Que grande honra eles me dão ao virem se hospedar sob o meu teto!' Ele diria aos seus criados: 'Arrumem a casa, limpem-na e ponham-na em ordem, preparem as camas em honra dos que chegam, e eu irei comprar pão, carne e peixe – e tudo o que eu puder obter, em honra deles'. Esse homem ocupar-se-á, ele próprio, na preparação da comida do *Schabat*, mesmo que tivesse mil criados".

"Então quem é maior do que o *Schabat* que é tanto noiva quanto rainha, e que é chamado de deleitável. Mil vezes mais deveria o próprio dono da casa se ocupar com a feitura dos preparativos, mesmo que tenha uma centena de criados"[1].

"Tal era a prática do Rabi Iehudá ben Ilai – à véspera do *Schabat*, traziam-lhe uma bacia cheia de água quente na qual lavava o rosto, as mãos e os pés, depois envolvia-se em vestes brancas de algodão franjado e ficava sentado, e parecia-se a um anjo do Senhor das hostes"[2].

"Quando Rabi Hamnuna, o Ancião, costumava sair do rio, no entardecer da sexta-feira (depois de tomar o seu banho), costumava descansar um pouco à margem, e erguendo os olhos em contentamento, dizia que ficava ali sentado a fim de contemplar a vista jubilosa dos anjos celestiais ascendendo e baixando. A cada advento do *Schabat*, ele dizia, o homem é carregado para o mundo das almas. Feliz aquele que se dá conta dos mistérios de seu Senhor"[3].

Quando todo o trabalho cessa, as velas são acesas. Assim como a criação começou com a frase: "Haja luz!" do mesmo modo, a celebração da criação deve começar com o acender das

1. *Sefer Hassidim*, vulgata, § 4.
2. *Schabat* 25b. De acordo com alguns cabalistas, a razão de se lavar mãos e pés à véspera do *Schabat* é porque somos como os sacerdotes no templo, em Jerusalém, de quem era exigido a realização de tal cerimonial de lavagem de mãos e pés antes de começarem o serviço sagrado.
3. *Zohar*, III,136b. As citações neste capítulo são do Serviço Vespertino da sexta-feira, exceto o do *Cântico dos Cânticos*, 8:6.7.

velas. É a mulher que introduz na alegria e instala o mais delicado símbolo, a luz, para dominar a atmosfera do lar.

E o mundo torna-se um lugar de repouso. A hora chega como um guia, e eleva nossas mentes acima dos pensamentos usuais. Pessoas se reúnem para saudar a maravilha do sétimo dia, enquanto o *Schabat* emite sua presença sobre os campos, dentro de nossos lares, dentro de nossos corações. É um momento de ressurreição do espírito dormente em nossas almas.

Refrescados e renovados, vestidos com trajes festivos, com velas bruxuleando sonhadoramente às expectativas inefáveis, às intuições de eternidade, alguns de nós são dominados por um sentimento, como se quase tudo que diriam fosse como um véu. Não há grandeza suficiente em nossas almas para sermos capazes de desemaranhar em palavras o nó do tempo e da eternidade. A gente gostaria de cantar por todos os homens, por todas as gerações. Algumas pessoas cantam o mais magnífico de todos os cantares: *O Cântico dos Cânticos*. Que antigo apego, que acúmulo de alma derrama-se de seu canto! É um canto de amor a Deus, uma canção de paixão, nostalgia e terna apologia.

> Coloca-me como um sinete sobre teu coração,
> Como um sinete sobre teu braço;
> Pois o amor é forte como a morte,
> O ciúme é cruel como a sepultura:
> Os carvões resultantes são carvões de fogo,
> A mais veemente labareda.
> Muitas águas não conseguem extinguir o amor,
> Nem podem as inundações afogá-lo;
> Se um homem desse toda a essência de sua casa para o amor,
> Ele seria totalmente menosprezado.

Um pensamento varreu para longe a praça do mercado. Há uma canção no vento e alegria nas árvores. O *Schabat* chega ao mundo, espalhando um cântico no silêncio da noite: a eternidade profere um dia. Onde estão as palavras que poderiam competir com tal poderio?

A voz do Senhor paira sobre as águas...
A voz do Senhor é poderosa;
A voz do Senhor é cheia de majestade...
E desnuda a floresta:
E em Seu templo todos dizem: Glória.

Todos nós saímos para saudar a rainha, para receber a noiva com canções.

Vem, Amado, ao encontro da Noiva!
Vamos e saudemos o *Schabat!*

Sion está em ruínas, Jerusalém jaz na poeira. Durante a semana toda há apenas esperança de redenção. Mas, quando o *Schabat* está adentrando o mundo, o homem é tocado por um momento de real redenção; como se, por um instante, o espírito do Messias se movesse sobre a face da terra.

Relicário do Rei, cidade real, ergue-te!
Emerge de tuas ruínas.
Tempo suficiente habitaste no vale de lágrimas ...
Sacode tua poeira, ergue-te!
Veste teus trajes gloriosos, meu povo ...
Não fica envergonhado nem confuso.
Por que estás deprimido?
Por que te lamentas?
Os aflitos de meu povo terão abrigo em teu seio;
A cidade há de ser reconstruída em seu antigo sítio ...
Teu Deus rejubilar-se-á contigo
Como o noivo se rejubila com sua noiva.

Antes da última estrofe a congregação se ergue e se volta para o oriente como um sinal de boas-vindas ao convidado invisível. Eles todos curvam suas cabeças em saudação.

Vem em paz, coroa de Deus,
Vem com alegria e regozijo,
Entre o povo fiel e querido ...
Vem, Amado meu, ao encontro da Noiva.

O *Schabat* chega como uma carícia, varrendo para fora o medo, o sofrimento e as memórias sombrias. Já é noite quando o júbilo começa, quando da alma vem em visita aos nossos ossos mortais um excedente embelezador de alma e aí deixa-se ficar.

Nós não sabemos como agradecer e dizer:

Com sabedoria Tu abristes os portais do firmamento ...
Tu mudastes os tempos...
Tu fizestes as trevas rolarem em fuga diante a luz ...
Tu fizestes a distinção entre o dia e a noite.

Mas há algo maior do que a maravilha do mundo: o espírito. Em Seu mundo sentimos Sua sabedoria, em Seu espírito vemos Seu amor.

Com amor eterno Tu amastes a casa de Israel. A *Torá*, as *mitzvot*, as leis e os julgamentos Tu nos ensinastes.
Possas Tu jamais retirar de nós o Teu amor.

Então ouvimos novamente as palavras de Moisés instando--nos a aprender como corresponder o amor divino.

Tu deves amar O Senhor, Teu Deus
Com todo o teu coração, com toda a tua alma,
E com todo tua força...

Depois lemos as palavras de Deus:

Lembrai-vos de cumprir todos os mandamentos do Senhor, e não haveis de seguir os desejos de vosso coração e vossos olhos que vos desviam do caminho.

Eu sou o Senhor vosso Deus, que vos tirou da terra do Egito para ser vosso Deus; Eu sou o Senhor vosso Deus.

E esta é a resposta:

Verdadeiro e certo é isto tudo,
Ele é o Senhor nosso Deus e nenhum outro, e nós, Israel, somos Seu povo.

Se, pelo menos, tivéssemos bastante espírito para compreender Sua soberania, para viver em Seu reino. Mas, nossa mente é fraca, e nosso espírito dividido.

Estendes Tu sobre nós Teu refúgio de paz,
Dirija-nos corretamente com Teu bom conselho ...
Salva-nos por amor a Teu nome.

VIII. Intuições de Eternidade

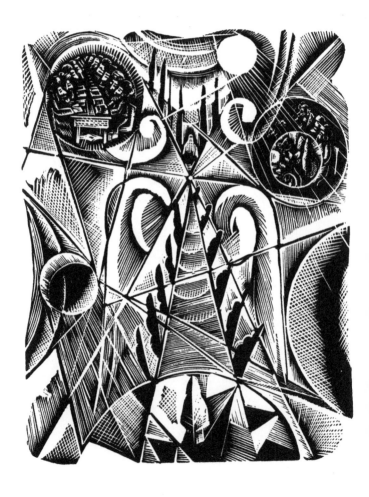

Que o *Schabat* e a eternidade são uno – ou da mesma essência – é uma concepção[1] antiga. Uma lenda relata que "no tempo em que Deus estava dando a *Torá* a Israel, Ele lhes disse: Meus filhos! Se vocês aceitam a *Torá e* observam minhas *mitzvot*, eu lhes oferecerei para toda a eternidade uma coisa muito preciosa que possuo.

E o que é, perguntou Israel, esta coisa preciosa que Tu nos ofereceria se nós obedecermos a Tua *Torá?*

O mundo vindouro.

Mostre-nos, neste mundo, um exemplo do mundo por vir.

O *Schabat* é um exemplo do mundo vindouro[2].

Uma antiga tradição declara: "O mundo vindouro é caracterizado pelo tipo de santidade que o *Schabat* possui neste

---

1.   "O Sétimo dia é o sinal da ressurreição e do mundo vindouro", e não poderá haver, portanto, luto neste dia. *Vita Adae et Evae*, 41.1, *The Apocrypha and Pseudopigrapha*, ed. Charles, 11,151. Segundo Louis Ginzberg, *The Book of Adam, Jewish Encyclopedia*, o livro é de origem puramente judaica.

2.   Alfabeto do R. Akiva, *Olzar Midraschim*, p. 407; ver também p. 430. Ver igualmente o *Midrasch* citado em *Kad ha-Qemá, Schabat, final.*

mundo [...] O *Schabat* possui uma santidade como aquela do mundo vindouro"[3].

Rabi Akiva, o mestre de Rabi Schimeon ben Iohai, deu expressão à mesma ideia. "Havia uma canção especial para cada dia da semana que os Levitas costumavam entoar no Templo, em Jerusalém. No primeiro dia eles cantavam *A Terra pertence ao Senhor*, no segundo dia, eles cantavam *Grande é o Senhor*, e assim por diante. No *Schabat* eles cantavam *Um Salmo*: *uma Canção para o Dia do Schabat*; um Salmo, um cantar para o tempo que virá, para o dia que será sempre *Schabat* e permanecerá na vida eterna"[4].

Qual é a natureza do dia que sempre é *Schabat*? É um tempo no qual "não há nem comida nem bebida nem transações terrenas; mas, os justos sentarão em tronos, suas coroas sobre suas cabeças, e se deleitarão com o brilho da *Schekhiná*"[5].

De acordo com o *Talmud*, o *Schabat* é *me'en 'olam babá*, o que significa: *algo como* a eternidade ou o mundo por vir. Esta concepção de que a sétima parte de nossas vidas possa ser experimentada como paraíso representa um escândalo, para os pagãos, e uma revelação, para os judeus. E, ainda para o Rabi Haim de Krasne, o *Schabat* contém mais do que um bocado da eternidade. Para ele, o *Schabat* é a nascente (*ma'ian*) da eternidade, o manancial de onde o céu ou a vida no mundo vindouro tem sua fonte.

A não ser que uma pessoa aprenda a apreciar o sabor do *Schabat*, enquanto ainda permanece neste mundo, a não ser que

3. *Mekilta ao Êxodo* 31:17.
4. *Mischná Tamid*, final. Cf. *Rosch ha-Schaná* 31a, onde esta *Mischná* é atribuída a Rabi Akiva.
5. *Avot de Rabi Natan*, cap. 1, onde se encontra a passagem final. A descrição do mundo vindouro é também transmitida em nome do Rab. *Berakhot* 17a. Ver também *Midrasch Tehilim*, cap. 92, ed. Buber, p. 201a.

ela seja iniciada na apreciação da vida eterna, a pessoa não estará apta a gozar o sabor da eternidade no mundo por vir. A tristeza é o quinhão de quem chega inexperiente e, quando levado ao céu, não tem poder para perceber a beleza do *Schabat*...[6]

Embora a tradição judaica não nos ofereça definição do conceito de eternidade, ela nos diz como experimentar o gosto da eternidade ou da vida eterna no tempo. A vida eterna não se desenvolve longe de nós; ela é "emplantada dentro de nós"[7], desenvolvendo-se além de nós. O mundo por vir não é, portanto, unicamente uma condição póstuma, despontando sobre a alma no manhã, após sua partida do corpo. A essência do mundo vindouro é o *Schabat* eterno, e o sétimo dia no tempo é um exemplo de eternidade[8]. O sétimo dia tem o sabor do sétimo céu e foi dado como um antegosto do mundo por vir; *ot hi le-'olam*, um penhor da eternidade[9].

Conta-se uma história a respeito de um rabi que, certa vez, em seu sonho, entrou no céu. Foi-lhe permitido se aproximar do templo, no Paraíso, onde os grandes sábios do *Talmud*, os *Tanaim*, estavam passando suas vidas eternas. Viu que eles apenas ficavam sentados ao redor de mesas, estudando o *Talmud*. O desapontado rabi estranhou: "Isto é tudo que existe no Paraíso?" Mas, repentinamente, ouviu uma voz: "Você está enga-

---

6.   Rabi Solomon de Karlin.

7.   Ver acima p. 57.

8.   No *Schabat* recita-se uma prece no final da graça: "Possa o Todo-Piedoso *deixar-nos herdar* o dia que será todo *Schabat* e repousar na vida eterna." A preocupação pela vida eterna não é expressa na liturgia diária (ver *Kuzari* III,20). Mas na prece central para o *Schabat* (a *Amidá*), que é lida quatro vezes, nós lemos a frase: "Senhor, nosso Deus, deixa-nos herdar Teu sagrado *Schabat*." Esta é talvez uma referência ao *Schabat* como um sinônimo para a vida por vir, pois o *Schabat* terreno já está, por certo, na posse do homem.

9.   Rabi Elijá de Vidas, *Reschit Hokhmá, Scha'ar ha-qeduschá*, cap. 2.

nado. Os *Tanaim* não estão no Paraíso. O Paraíso está dentro dos *Tanaim*".

Há muita coisa que a filosofia poderia aprender da Bíblia. Para o filósofo a ideia do bem é a ideia mais enaltecida. Mas, para a Bíblia, a ideia do bem é a penúltima; ela não pode existir sem o sagrado. O bem é a base, o sagrado é o ápice. As coisas criadas nos seis dias Ele as considerou *bem*, o sétimo dia Ele fê-lo *santo*.

Para a piedade judaica a extrema dicotomia humana não é a da mente e da matéria mas, a do sagrado e do pro fano. Temos conhecimento do profano há muito tempo e estamos acostumados a pensar que a alma é um autômato. A lei do *Schabat* tenta dirigir o corpo e a mente para a dimensão do sagrado. Procura nos ensinar que o homem está não só em relação com a natureza mas, também, em relação com o criador da natureza.

O que é o *Schabat? Espírito na forma do tempo.* Com nossos corpos pertencemos ao espaço; nosso espírito, nossas almas, elevam-se à eternidade, aspiram ao sagrado. O *Schabat* é um ascenso ao ápice. Dá-nos a oportunidade de santificar o tempo, de alçar o bem ao nível do santo, de contemplar o sagrado abstendo-se do profano.

O espírito na forma de tempo, eternidade, é de fato um absurdo para todos aqueles que pensam que o espírito não é senão uma ideia na mente do homem ou, que Deus é uma coisa entre outras coisas. Todavia, aqueles que compreendem que, pelo menos, Deus é tão grande quanto o universo conhecido, que o espírito é um processo ilimitado do qual humildemente participamos, entenderão e sentirão o que significa dizer que o espírito é desvelado, em certo momento do tempo. É preciso estar intimidado pela maravilha do tempo para estar pronto a perceber a presença da eternidade em um único momento. É preciso que se viva e atue como se o destino de tudo do tempo dependesse de um único momento.

Usualmente pensamos que a terra é nossa mãe, que o tempo é dinheiro e, o lucro nosso companheiro. O sétimo dia é um lembrete de que Deus é nosso pai, de que o tempo é vida, e de que o espírito é nosso companheiro.

Há um mundo das coisas e um mundo do espírito. O *Schabat é* um microcosmo do espírito, como se combinasse dentro de si todos os elementos do macrocosmo do espírito.

Assim como o mundo físico não deve sua existência ao poder do homem – está simplesmente lá – assim, o espírito não deve sua existência à mente do homem. O *Schabat* não é sagrado pela graça do homem. Foi Deus que santificou o sétimo dia.

Na linguagem da Bíblia o mundo foi trazido à existência nos seis dias da criação, no entanto, sua sobrevivência depende da santidade do sétimo dia. Grande são as leis que governam os processos da natureza. Todavia, sem santidade, não haveria nem grandeza nem natureza.

IX. Santidade no Tempo

A santidade no espaço, na natureza, era conhecida em outras religiões. Novo, no ensinamento do judaísmo, foi que a ideia de santidade começou a ser gradualmente transferida do espaço para o tempo, do reino da natureza para o reino da história, das coisas para os acontecimentos. O mundo físico tornou-se despido de qualquer santidade inerente[1]. Não havia plantas ou animais naturalmente sagrados. Para ser sagrada, uma coisa tinha de ser consagrada por um ato consciente do homem. A qualidade da santidade não reside no grão de matéria. É uma preciosidade conferida a coisas por um ato de consagração e persistente em relação a Deus.

A ênfase no tempo é um traço predominante do pensamento profético. "O dia do Senhor" é mais importante para os profetas do que "a casa do Senhor".

1. A expressão *Primavera Sagrada* (*he-Aviv ha Cadosch*), usada como um título para um livro publicado em 1947, em Tel Aviv, é um grosseiro anacronismo espiritual.

A humanidade está cindida em nações e dividida em estados. É um momento no tempo – o final messiânico dos dias – que dará de volta ao homem o que uma coisa no espaço, a Torre de Babel, tirou. Era a visão do dia messiânico, no qual a esperança da unidade restaurada de todos os homens foi ganha[2].

Não há menção de lugar sagrado nos Dez Mandamentos. Ao contrário, seguindo o ocorrido no Sinai, foi dito a Moisés: "Em todos os lugares onde Meu nome for lembrado eu virei a ti, e eu te abençoarei" (Êxodo 20:24). A consciência de que a santidade não está ligada a um lugar, em particular, tornou possível o surgimento da sinagoga. O templo ficava somente em Jerusalém, enquanto a sinagoga estava em cada vilarejo. Existem datas fixas, mas não lugar fixo para a prece.

Na Bíblia, nenhuma coisa, nenhum lugar na terra, é sagrado por si. Mesmo o lugar sobre o qual o único santuário devia ser erigido na Terra Prometida nunca foi chamado de sagrado, no Pentateuco, nem foi ele determinado ou especificado no tempo de Moisés. Mais de vinte vezes referem-se a ele como "o lugar que o Senhor teu Deus *deverá escolher*"[3].

Por gerações o sítio permaneceu desconhecido. Mas, o rei Davi acalentava a aspiração de construir um templo para o Senhor. "Aconteceu, pois, que estando o rei em sua casa, e tendo o Senhor lhe dado paz com todos os seus inimigos, à sua volta, disse ele ao profeta Natan: 'Tu não vês que eu estou morando numa casa de cedro, mas a arca de Deus reside entre cortinas?'"[4].

É da ansiedade de Davi que o salmista canta:

2. Hermann Cohen, *Jüdische Schriften*, Berlim, 1924, I,325.
3. Deuteronômio 12:5.11.14.18.21.26; 14:23.24.25; 15:20; 16:2.6.7.11.15.16; 17:8.10; 23:17; 31:11.
4. II Samuel 7:1-2.

Lembrai-Vos, Senhor, em favor de Davi,
De toda a sua solicitude.
Como fez este juramento ao Senhor,
Como fez este voto ao Poderoso de Jacó:
Não entrarei na tenda em que moro,
Não subirei ao leito em que descanso,
Não darei sono aos meus olhos,
Nem repouso às minhas pálpebras,
Até que encontre um lugar para o Senhor,
Uma casa para o Poderoso de Jacó...[5]

Foi em resposta à prece de Davi que o sítio do templo se fez conhecido.

Porque o Senhor escolheu *Sion*:
E a preferiu para Sua morada:
Este é, para sempre, o lugar de Meu repouso.
Aqui hei de morar; porque o escolhi.[6]

O sítio foi escolhido não porque fosse dotado de qualquer qualidade sobrenatural, autóctone, inerente no solo, mas porque o homem rezou por ele e Deus o desejou.

O templo tornou-se um lugar sagrado, mas sua sacralidade não era autogerada. Sua santidade foi estabelecida, no entanto, o paradoxo de uma santidade no espaço foi percebida pelos profetas[7].

O devotos de Israel cantavam:

5. Salmos 132:1-5.
6. Salmos 132:13,14.
7. A tradição rabínica posterior reivindicou que, no local onde o templo foi erguido, ocorreram diversos acontecimentos importantes (ver Maimônides, *Mischné Torá, Beit ha-Behirá* 11,2). No entanto, não há referência a estes acontecimentos no relato bíblico. Ver M. Buber, *Ben am le-Artzó* (hebraico), Jerusalém, 1945, p. 2.

Adentremos a Sua morada;
Adoremos em Seu escabelo;[8]

Mas o profeta proclamava:

Eis o que diz o Senhor:
O céu é o Meu trono,
E a terra é o Meu escabelo;
Que casa é essa que vós haveis de edificar para Mim?
E que lugar é esse que pode ser o lugar de Meu descanso?[9]

Se Deus está em toda a parte, Ele não pode estar apenas em algum lugar. Se Deus fez todas as coisas, como pode o homem fazer uma coisa para Ele?[10] Na liturgia sabática recitamos até os dias de hoje:

Sua glória preenche o universo.
Seus anjos perguntam uns aos outros:
Onde fica o lugar de Sua glória?

Os antigos rabis distinguem três aspectos de santidade: a santidade do Nome de Deus, a santidade do *Schabat*, e a santidade de Israel[11]. A santidade do *Schabat* precedeu a santidade de Israel[12]. A santidade da Terra de Israel é derivada da santidade do povo de Israel[13]. A terra não era santa no tempo de

8. Salmos 132:7.
9. Isaías 66:1.
10. Cf. Isaías 66:2.
11. *Ialkut Schimoni* I, 830. Ver a citação do *Midrasch* em *Tosafot Haguigá* 3b.
12. Daí por que nas festas concluímos a bênção da *Haftará*: "Que santificou Israel e os tempos", enquanto que no *Schabat* nós concluímos: "Que santificou o *Schabat*, – "porque o *Schabat* precedeu Israel"; ele veio com a criação do mundo, *Soferim* 13, 14.
13. Ver *Mekilta* em 12:1; *Eduiot* 8,6; *Mischné Torá, Terumot* 1,5; *Tosafot Zebahim* 62a.

Terá ou mesmo no tempo dos Patriarcas. Ela foi santificada pelo povo quando entraram no país, sob a liderança de Josué. A terra foi santificada pelo povo, e o *Schabat* foi santificado por Deus. A santidade do *Schabat* não é como a das festas. A santidade das festividades depende do ato do homem. É o homem que fixa o calendário, e assim determina em que dia da semana a festa acontecerá. Se o povo falhasse em estabelecer o começo do novo mês, a Páscoa não seria celebrada. É diferente em relação ao *Schabat*. Mesmo quando os homens abandonam o *Schabat*, sua santidade remanesce[14]. E ainda assim todos os aspectos da santidade estão misteriosamente inter-relacionados[15].

O sentido de santidade no tempo é expresso na maneira pela qual o *Schabat* é celebrado. Nenhum objeto ritual é necessário para guardar o sétimo dia, diferentemente da maioria das festividades, nas quais tais objetos são essências para suas observâncias, como, por exemplo, o pão ázimo, o *Schofar*, o *Lulav* e o *Etrog* ou o Tabernáculo[16]. Neste dia o símbolo da

---

14. "E Moisés anunciou aos filhos de Israel o conjunto de festas do Senhor" (Levítico 23:44). "Somente as festas necessitam santificação pelo *Beit Din* (as cortes rabínicas que devem declarar qual o dia da lua nova, quando o novo mês se inicia, e assim fixar o dia sobre o qual a festa deverá ocorrer), não o *Schabat*" (*Nedarim* 78b). Ver *Mekilta* em 31:15.

15. Corajosamente um *Midrasch* declara: "A santidade de Deus, a santidade do *Schabat*, a santidade de Israel, todas estas são como uma só." *Seder Eliahu Rabá*, ed. Fridman, Viena, 1902, p. 133. *Ialkut Schimoni*, 1,833, reza: "O nome de Deus". Talvez seja uma alusão à Isaías 6:3 – A santidade do dia do *Schabat* era tão intensamente sentida que para os não observantes de suas leis, a Bíblia tinha um só nome: *hilel. Hilel* significa poluir, macular, profanar o santo. É um termo para dessacralização; cf. Êxodo 31:14; Isaías 56; 2.6; Ezequiel 20:13.16.21.24; 22:8; 23:38; Neemias 13:17.18.

16. Um objeto ritual é aquele que não tem outra função a não ser a do ritual. O vinho e o pão, sobre os quais a santificação do dia é recitada, não são nem objetos sacramentais nem rituais.

Aliança, os filactérios, desenrolados em todos os dias da semana, é dispensado. Símbolos são supérfluos: o *Schabat* é, ele mesmo, o Símbolo.

"O *Schabat* é todo santidade"[17]. Nada é essencialmente exigido a não ser uma alma, para receber mais alma. Pois, o *Schabat* "mantêm todas as almas"[18]. É o mundo das almas: espírito em forma de tempo. Todos os sábios concordam, conta-nos o *Talmud*, que a primeira festa das semanas, na qual a *Torá* foi dada, caiu no *Schabat*[19] Na verdade, é o único dia em que a palavra de Deus poderia ter sido dada ao homem.

A cada sete dias um milagre acontece, a ressurreição da alma, da alma do homem e da alma de todas as coisas. Um sábio medieval afirma: O mundo que foi criado nos seis dias era um mundo sem uma alma. Foi no sétimo dia que foi dado ao mundo uma alma. Por isso é dito: "e no sétimo dia Ele descansou *vainafasch*" (Êxodo 31:17); *nefesch* significa uma alma[20].

17. *Números rabá* 14,5.
18. *Bahir*, ed. Vilna, 1913, p. 7a.
19. Ver *Schabat* 86b .
20. Rabi Salomon ben Abraham Adret de Barcelona (1235-1310) in *En Ia'akov*, *Taanit* 27b. A ideia está implícita in *Bahir*, ed. Vilna, 1913, p. 7a e 15b. Cf. comentário de Rabi Mosche Alscheikh ao Gênese 2:7.

x. Tu Deves Cobiçar

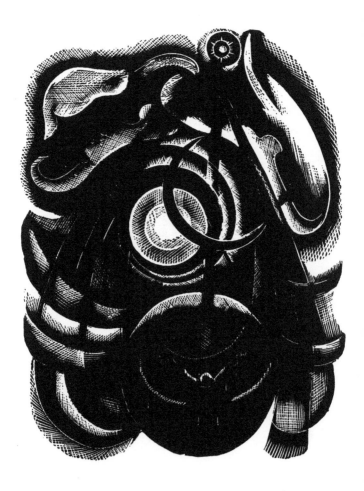

A santidade do dia escolhido não é algo para a qual se olhe fixamente e da qual devamos humildemente nos afastar. É santo, não *longe* de nós. É santo, *para* nós. *"Guardai o meu Schabat porque ele deve ser santo para ti"* (Êxodo 31:14). "O *Schabat* adiciona santidade à Israel"[1].

O que o *Schabat confere* ao homem é algo real, quase aberto à percepção, como se uma luz, que brilha de dentro, que de sua face resplandece. "Deus abençoou o sétimo dia" (Gênese 2:3): "Ele o abençoou com a luz de um rosto de homem: A luz de um rosto de homem, durante a semana, não é a mesma como a de uma no *Schabat*"[2]. Esta é uma observação feita pelo Rabi Schimeon ben Iohai[3].

Alguma coisa acontece ao homem no dia do *Schabat.* Na véspera do *Schabat* o Senhor dá ao homem *neschamá ieterá*, e na

1. *Mekilta* ao 31:14
2. *Gênese rabá* 11,2.
3. Ver *Mekilta ao* 20:11.

conclusão do *Schabat*, Ele a retira dele, diz Rabi Schimeon ben Laqish[4].

Neschamá ieterá significa espírito adicional. É usualmente traduzido como "alma adicional". Porém, qual é o significado estrito deste termo?

Alguns pensadores tomam o termo, *neschamá ieterá*, como uma expressão figurativa para uma espiritualidade crescente ou alívio e conforto[5]. Outros creem que uma entidade espiritual verdadeira, uma segunda alma, fica incorporada ao homem, no sétimo dia. "Ao homem é dado neste dia uma alma divina, adicional, uma alma que é toda perfeição, de acordo com o padrão do mundo por vir"[6]. É "o santo espírito que

4. *Bezá* 16a; *Ta'anil* 27b. O autor deste dito é Rabi Schimeon ben Laqish, que viveu no terceiro século.

5. Raschi, o comentarista clássico do século XI, dá ao termo uma interpretação psicológica. Para ele, é "a receptividade acentuada da alma por quietude, alegria e a repartição da comida, assim como a ausência de qualquer sentimento de repulsa". *Bezá* 16a: ver sua observação ao *Taanil* 27b. O texto de Rabenu Hananel em *Bezá* 16a está, aparentemente, corrompido. Um concepção mais metafísica é dada por Ibn Ezra, o racionalista contemporâneo de Raschi, que alega que no sétimo dia há um genuíno aumento no poder intelectual da alma. Ver seu comentário ao Gênese 2:3. Um ponto de vista algo similar é encontrado em Rabi Menahem Meiri, *Livro da Expiação* (hebraico), ed. A. Schreiber, Nova York, 1950, p. 531. Até o grande místico Nakhmânides se opõe a tomar literalmente o conceito de alma adicional; ver seu Comentário ao Gênese 2:2. Similarmente Rabi Menasche ben Israel, *Nischmat Haim*, Amsterdã, 1652, p. 53b. O exegeta italiano, médico e autor filosófico, Rabi Obadiá Sforno (1475-1550) caracteriza a alma adicional como a capacidade intensificada do homem em alcançar aquilo que Deus havia pretendido que ele alcançasse, quando Ele disse "Vamos fazer o homem a nossa imagem, a nossa semelhança", *Comentário* ao Êxodo 31:17. Ver, também, Meyer Waxman em *Sefer Haschaná*, vol. VIII-IX, p. 210 e s., Nova York, 1947.

6. *Zohar* II, p. 88b.

repousa sobre o homem e o adorna com uma coroa semelhante a coroa de anjos", e ela é concedida a todo o indivíduo de acordo com suas realizações[7].

É para um propósito espiritual, O *Zohar* sugere, que almas supernas deixam sua esfera celestial para entrar, um dia, na vida dos mortais. Em cada conclusão do dia do *Schabat*, quando as almas supernas retornam a sua esfera, todas elas se reúnem ante a presença do Santo Rei. O Santificado, então, pergunta a todas as almas: que nova compreensão da sabedoria da *Torá* vocês alcançaram, enquanto estiveram presentes no mundo inferior? Feliz é a alma que está apta a relatar, na presença de Deus, haver conseguido através do homem, durante o sétimo dia, mais um entendimento[8]. Na verdade, quão embaraçoso deve ser para alma que, ao aparecer ante a presença de Deus, permaneça muda, nada tendo a relatar.

De acordo com uma antiga lenda, a luz criada, no próprio começo do ato da criação, não era a mesma luz como a emitida pelo sol, a lua, e as estrelas. A luz do primeiro dia era de uma espécie que teria permitido ao homem ver o mundo em um relance, de ponta a ponta. Já que o homem era indigno de gozar a bênção de tal luz, Deus escondeu-a; mas, no mundo vindouro, ela aparecerá aos pios em toda sua glória prístina. Algo dessa luz

---

7. *Zohar Hadasch*, Gênese, 17b; *Zohar III*, p. 242b. Um erudito do século treze, Rabi Zedakiá ben Abraham Anan, de Roma, diz especificamente: "No *Schabat* há duas almas no homem." *Schibole ha-Leqet*, 130. De acordo com o *Livro do Maasé* traduzido por M. Gaster, p. 305, "O homem tem uma alma a mais no dia do *Schabat* do que no dia da semana, e isto pode ser facilmente observado pelo fato de que a pessoa fica mais despreocupada no *Schabat*, do que em qualquer dia da semana".

8. *Zohar lII*, p. 173a.

permanece, no sétimo dia, sobre os santos e os justos, e esta luz é chamada alma adicional[9].

Lendas relatam que Rabi Loew de Praga (falecido em 1609) era cognominado "o Alto Rabi Loew" porque, no *Schabat*, parecia ter uma cabeça a mais, de altura, do que durante os seis dias da semana[10]. Quem quer que olhasse, durante o *Schabat*, para Rabi Haim de Tschernovitz (falecido em 1813), a história narra, poderia ver uma rosa em sua bochecha. O mesmo Rabi Haim escreve: "Vimos, com nossos próprios olhos, a tremenda modificação que a santidade do *Schabat* provoca na vida de um santo. A luz da santidade arde em seu coração, como línguas de fogo, e ele é tomado de êxtase e anseio de servir a Deus [...] toda a noite e todo o dia [...]" Tão logo seus preparativos em honra ao *Schabat* se completam "um fulgor de santidade sabática ilumina sua face. Tão resplandecente é o seu semblante que a gente quase evita de se aproximar dele"[11].

Mas, o *Schabat* tal como é experimentado pelo homem, não pode sobreviver no exílio, um estrangeiro solitário entre dias de profanação. Necessita da companhia de outros dias. Todos os dias da semana devem ser espiritualmente consistentes com o Dia dos Dias. Toda a nossa vida deve ser uma peregrinação para o sétimo dia; o pensamento e apreciação do que este dia possa nos trazer deve estar sempre presente em nossas mentes. Pois, o *Schabat* é o contraponto do viver; a melodia mantida através de todas as agitações e vicissitudes que amea-

9. Rabi Aaron Samuel ben Moses Schalom, de Kremnitz (falecido em 1616), *Nischmal Adam*, Pietrkow, 1911, p. 24.
10. Uma lenda similar é contada sobre o Rabi Ioschua Horowitz, ver *Nezir ha-Schem*, Lemberg, 1869, no prefácio.
11. *Siduro schel Schabat*, Varsóvia 1872, p. 8c.

114

çam nossa consciência; nossa percepção da presença de Deus no mundo.

O que *nós somos* depende do que o *Schabat é* para nós. A lei do dia do *Schabat* é para a vida do espírito como a lei da gravidade é para a natureza.

Nada é mais difícil de suprimir do que a vontade de ser um escravo da sua própria mesquinhez. Elegantemente, incessantemente, silenciosamente, o homem deve lutar por sua liberdade íntima. A liberdade íntima depende da criatura estar isenta da dominação das coisas, assim como da dominação das pessoas. Há muitos que adquiriram um alto grau de liberdade política e social, mas pouquíssimos apenas não estão escravizados às coisas. Este é o nosso constante problema – como viver com pessoas e permanecer livre, como viver com coisas e permanecer independente.

Em um certo momento de eternidade, quando ainda o gosto da redenção era recente para os antigos escravos, foi dado ao povo de Israel as Dez Palavras, os Dez Mandamentos. Em seu início e em seu fim o Decálogo trata da liberdade do homem. A primeira Palavra – *Eu sou o Senhor teu Deus*, *que te tirei da terra do Egito*, *da casa de servidão* – recorda-lhe que sua liberdade exterior lhe fora dada por Deus, e a décima Palavra – *Não cobiçarás!* – recorda-lhe que deve, ele próprio, alcançar sua liberdade íntima.

Quando hoje, desejamos ressaltar uma palavra com especial proeminência nós, ou a sublinhamos, ou a imprimimos em itálico. Na literatura antiga, a ênfase era expressa através de repetição direta (epizeuxe), repetindo a palavra sem nenhuma intervenção de palavras[12]. A Bíblia, por exemplo, diz: "Justiça,

---

12. A repetição direta é usada atualmente em retórica: ele expressou uma nova ideia – uma ideia de grande significado.

Justiça vós deveis seguir" (Deuteronômio 16:20); "Consolai-vos, consolai-vos povo Meu" (Isaías 40:1). De todos os Dez Mandamentos, somente um é proclamado duas vezes, o último "Não Cobiçarás... Não Cobiçarás". Isto era aí claramente reiterado, a fim de acentuar sua extraordinária importância. Ao homem foi-lhe dito para não cobiçar a "casa de seu vizinho", "a mulher de seu vizinho, nem seu servo ou sua serva, nem seu boi, nem seu asno, nem qualquer coisa pertencente ao seu vizinho".

Nós sabemos que a paixão não pode ser subjugada por decreto. A décima injunção ficaria, portanto, praticamente fútil, se não o fosse pelo "mandamento" referente ao dia do *Schabat*, ao qual cerca de um terço do texto do Decálogo é devotado, e que é um epítome de todos os outros mandamentos. Devemos procurar encontrar uma relação entre os dois "mandamentos". Não cobice nada pertencente ao seu vizinho: Eu te tenho dado algo que Me pertence. O que é este algo? Um dia.

O judaísmo tenta promover a visão da vida como uma peregrinação ao sétimo dia; o anelo pelo *Schabat*, todos os dias da semana, que é uma forma de anelo pelo *Schabat* eterno, todos os dias de nossas vidas[13]. Ele procura deslocar a cobiça das coisas no espaço pela *cobiça das coisas no tempo*, ensinando o homem a cobiçar o sétimo dia, todos os dias da semana. Deus,

13. A percepção do espírito do *Schabat* não está restrita a um sétimo da semana. Os Dez Mandamentos são encontrados em duas versões: no Livro do Êxodo e no Livro do Deuteronômio. Esta primeira versão do mandamento do *Schabat* começa com as palavras: *Lembrem* (*zabor*) o sétimo dia, e na segunda: *Guardem* (*schamor*) o sétimo dia. Dizia um sábio medieval: "*Lembrem-no* sempre, esperem por sua chegada (*schemor* significa também esperar ansiosamente) [...] Esperem, aguardem por ele, como alguém que aguarda por encontrar a pessoa que ama". (Al Nakawa, *Menorá ha-Maor, III*, 575).

mesmo, cobiça este dia, Ele o denominou *Hemdat Iamim*, um dia para ser cobiçado[14]. É como se a ordem: *Não cobices as coisas do espaço*, fosse correlacionada com a palavra não falada. *Cobice as coisas do tempo.*

14. Na liturgia do *Schabat* nós dizemos: "Tu te agradaste com o sétimo dia e o santificaste, o mais cobiçado dos dias Tu o chamas-te." Onde na Bíblia o *Schabat* é denominado "o mais cobiçado dos dias"? O versículo, em Gênese 2:2, o qual usualmente traduzimos: "e Deus completou no sétimo dia", reza em uma antiga versão aramaica: "e Deus cobiçou o sétimo dia." Ver M. Ginsburger, *Das Fragmententhargum* (*Targum Jeruschalmi zum Pentateuch*), Berlim, 1899.

Epílogo

Santificar o Tempo

Os pagãos projetaram sua consciência de Deus em uma imagem visível ou O associaram com um fenômeno na natureza, com uma coisa do espaço. Nos Dez Mandamentos, o Criador do universo identifica a Si Próprio por um acontecimento na história, por um evento no tempo, a libertação do povo da escravidão no Egito, e proclama: "Não farás para ti imagem de escultura, nem figura alguma de tudo o que há em cima no céu, e do que há em baixo na terra, nem de coisa que haja nas águas debaixo da terra".

A coisa mais preciosa que já houve na terra foram as Duas Tábuas de pedra que Moisés recebeu no alto do Monte Sinai; elas foram inestimáveis, sem comparação. Ele subiu ao Monte para recebê-las: lá permaneceu quarenta dias e quarenta noites; não comeu pão nem bebeu água. E o Senhor entregou-lhe as Duas Tábuas de pedra, e nelas estavam escritos os Dez Mandamentos, as palavras que o Senhor falou com o povo de Israel no Monte, saídas em meio ao fogo. Mas, quando descendo do Monte, ao final dos quarenta dias e quarenta noites com as Duas Tábuas em suas mãos – Moisés viu o povo dançando em volta do Bezerro de Ouro, atirou com suas mãos as Tábuas ao chão e as quebrou diante dos olhos deles.

"Cada importante centro de culto do Egito afirma sua primazia pelo dogma de ter sido um *sítio* de criação"[1]. Em contraste, o Livro do Gênese, fala dos dias em vez do sítio da criação[2]. Nos mitos, não há referência ao tempo de criação, ao passo que, a Bíblia fala da criação do espaço no tempo.

Todo mundo admitirá que o Grand Canyon é mais imponente do que uma vala. Todos sabem a diferença entre um verme e uma águia. Mas quantos de nós tem um senso similar de discernimento para a diversidade do tempo? O historiador Ranke pretendeu que cada época está igualmente próxima a Deus. Já a tradição judaica pretende que há uma hierarquia de momentos dentro do tempo, que todas as épocas não são semelhantes. O homem pode orar a Deus, igualmente, em todos os lugares, mas Deus não fala ao homem, igualmente, em todos os tempos. Em um certo momento, por exemplo, o espírito da profecia abandonou Israel.

O tempo para nós é uma dispositivo de medida mais do que um reino no qual nós habitamos. Nossa consciência dele verifica-se quando começamos a comparar dois acontecimentos e notar que um acontecimento é mais antigo que o outro; quando ouvindo uma melodia nós nos damos conta que uma

1. J. A. Wilson, "Egyptian Myths. Tales and Mortuary Texts", in *Ancient Near Eastern Texts*, p. 8.
2. A lenda do *eben schetiá* é de origem pós-bíblica, cf. Louis Ginzberg, *The Legend of the Jews*, V,14-16. *Macom* como uma denominação para Deus na literatura rabínica não implica a deificação do espaço mas, ao contrário, a subordinação do espaço ao divino. O espaço não é o fundamental; é transcendido por Deus.

nota segue a outra. Fundamental para a consciência de tempo é a distinção entre o anterior e o posterior.

Mas, é o tempo somente uma relação entre acontecimentos no tempo? Não há significado para o momento presente independentemente de sua relação com o passado? Além disso, só sabemos o que está *no* tempo, simples acontecimentos que tem um impacto em coisas do espaço? Se nada acontecesse que estivesse relacionado ao mundo do espaço, não teria havido tempo?

É preciso uma consciência especial para reconhecer o máximo significado definitivo de tempo. Nós todos o vivemos e estamos tão próximos de sermos idênticos a ele que deixamos de notá-lo. O mundo do espaço envolve nossa existência[3]. É apenas uma parte da vida, o resto é tempo. As coisas são a praia, a viagem é no tempo.

A existência nunca é explicada através dela mesma mas, somente, através do tempo. Quando fechamos os nossos olhos em momentos de concentração intelectual, estamos aptos a ter tempo sem espaço, mas nunca podemos ter espaço sem tempo. Para a visão espiritual, espaço é tempo congelado, e todas as coisas são eventos petrificados.

Há dois pontos de vista a partir dos quais o tempo pode ser percebido: do ponto de vista do espaço e do ponto de vista do espírito. Olhando para fora, pela janela de um vagão de trem, movimentando-se velozmente, temos a impressão que a paisagem esta em movimento enquanto, nós mesmos, estamos sentados, parados. Similarmente, ao contemplar a realidade, enquanto nossas almas são arrebatadas pelas coisas espaciais, o tempo parece estar em constante movimento. Entretanto, quando chegamos a entender que são as coisas espaciais que estão constantemente escapando, nós nos damos conta que o

3. Ver A. J. Heschel, *Man Is Not Alone, A Philosophy of Religion*, p. 200.

tempo é aquele que nunca expira, que é o mundo do espaço que está rolando através da vastidão infinita do tempo. Assim, a temporalidade pode ser definida como a relação do espaço com o tempo.

A entidade continuamente ilimitada, porém, vazia, a qual realisticamente é chamada espaço, não é a forma definitiva da realidade. Nosso mundo é um mundo de espaço a mover-se através do tempo – do Começo ao Fim dos Dias.

Para as mentes comuns a essência do tempo é evanescência, temporalidade. A verdade, entretanto, é que a evanescência lampeja sobre nossas mentes quando olhamos atentamente para as coisas do espaço. É o mundo do espaço que nos comunica o sentido para temporalidade. O tempo, aquele que está além e independe do espaço, é eterno: é o mundo do espaço que está perecendo. As coisas perecem com o tempo; o tempo, ele mesmo, não muda. Não devemos falar do fluxo ou passagem do tempo mas, do fluxo ou passagem do espaço, através do tempo. Não é o tempo que morre; é o corpo humano que morre no tempo. A temporalidade é um atributo do mundo do espaço, de coisas do espaço. O tempo, que está além do espaço, está além da divisão em passado, presente e futuro.

Monumentos de pedra estão destinados a desaparecer; dias de espírito nunca morrem. Sobre a chegada do povo ao Sinai, lemos no Livro do Êxodo: "No terceiro mês, depois que os filhos de Israel saíram da terra do Egito, *neste dia*, eles chegaram ao deserto do Sinai" (19:1). Aqui havia uma expressão que embaraçava os antigos rabis: *neste dia?* Dever-se-ia ter dito: *naquele dia*. Isto pode apenas significar que o dia da doação da *Torá* nunca deverá se tornar passado; aquele dia é este dia, cada dia. A *Torá*, quando quer que a estudamos, deve ser para nós "como se nos fosse dada hoje"[4]. O mesmo se aplica ao dia do êxodo do Egito: "Em toda a época o homem deve ver-se a si próprio como se, ele mesmo, saísse do Egito"[5].

O valor de um grande dia não é medido pelo espaço que ocupa no calendário. Exclamava Rabi Akiva: "Todo o tempo não é tão valioso como o dia em que o *Cântico dos Cânticos foi* dado a Israel pois, todos os cantares são santos, mas o *Cântico dos Cânticos* é o mais santo dos santos"[6].

No reino do espírito, não há diferenças entre um segundo e um século, entre uma hora e uma era. Rabi Iehudá, o Patriarca, bradava: "Existem aqueles que ganham a eternidade durante todo um tempo de vida e outros que a ganham em uma breve hora"[7]. Uma boa hora pode valer toda uma vida; um instante de retorno a Deus pode restaurar o que foi perdido em muitos anos fugindo Dele. "Melhor é uma hora de arrependimento e bons atos neste mundo do que a vida toda no mundo vindouro[8].

Dissemos que a civilização técnica é o triunfo do homem sobre o espaço. No entanto, o tempo permanece impérvio. Nós podemos vencer a distância mas não podemos nem recapturar o passado, nem desenterrar o futuro. O homem transcende o espaço, e o tempo transcende o homem.

O tempo é o maior desafio do homem. Todos nós tomamos parte numa procissão através de seu reino que nunca chega a um fim, mas somos incapazes de conseguir um finca-pé nele.

4. *Tanhuma*, ed. Buber, II,76; ver Raschi ao Êxodo 19:1; Deuteronômio 26:16.
5. *Mischná Pessakhim* 10,5.
6. *Iadaim* 3,5.
7. *Avodá Zará* 10b, 17a, 18a.
8. *Avot* 4,22.

Sua realidade está separada e longe de nós. O espaço está exposto à nossa vontade; nós podemos moldar e transformar as coisas no espaço ao nossa bel-prazer. O tempo, entretanto, está além do nosso alcance, além do nosso poder. Está tanto perto, quanto longe, intrínseco a toda experiência e transcendendo toda experiência. Ele pertence exclusivamente a Deus.

O tempo, então, é *alteridade*, um mistério que paira acima de todas as categorias. É como se o tempo e a mente fossem um mundo aparte. No entanto, é somente no tempo que todos os seres podem ser companheiros e *estar juntos*.

Cada um de nós ocupa uma porção de espaço. Ele o faz com exclusividade. A porção de espaço que o meu corpo ocupa é por mim tomada com exclusão de qualquer outro. Todavia, ninguém possui o tempo. Não há nenhum momento que eu possua exclusivamente. Este exato momento pertence a todos os homens vivos, tal como me pertence. Nós partilhamos o tempo, nós possuímos o espaço. Pelo fato de eu possuir o espaço, sou um rival de todos os outros seres; através da minha existência no tempo, eu sou um contemporâneo de todos os outros vivos. Nós passamos pelo tempo, nós ocupamos o espaço. Facilmente sucumbimos à ilusão de que o mundo do espaço existe por nossa causa, por causa do homem. Em relação ao tempo, nós estamos imunes a tal ilusão.

Imensa é a distância que se estende entre Deus e uma coisa. Pois uma coisa é aquela que tem existência individual ou separada, como algo distinto da totalidade dos seres. Ver uma coisa é ver algo que está apartado e isolado. Uma coisa é, além do mais, algo que é e pode tornar-se possessão do homem. O tempo não permite um instante no qual se possa estar nele e ser por si mesmo. O tempo é ou tudo ou nada. Não pode ser dividido, exceto em nossas mentes. Ele permanece além de nossa apreensão. É quase sagrado.

É fácil passar ao largo da grande visão do tempo eterno. De acordo com o Livro do Êxodo, Moisés contemplou sua primeira visão "numa labareda de fogo, saída no meio de uma sarça: e ele olhou, e viu, a sarça queimava com fogo, e a sarça não era consumida" (3;2). O tempo é como uma eterna sarça ardente. Embora cada instante tenha de esvaecer para abrir o caminho para o próximo, o tempo, mesmo, não é consumido.

O tempo tem um significado último independente; é da maior majestade e provoca maior admiração do que, até um céu cravejado de estrelas. Deslizando suavemente no mais antigo de todos os esplendores, ele diz muito mais do que o espaço pode dizer em sua fragmentada linguagem de coisas, tocando sinfonias sobre os instrumentos de seres isolados, desvelando a terra e fazendo-a acontecer.

O tempo é o processo da criação, e as coisas do espaço são os resultados da criação. Quando contemplamos o espaço vemos os produtos da criação; quando intuímos o tempo nós ouvimos o processo da criação; As coisas do espaço expõem uma independência ilusória. Elas exibem uma aparência de permanência limitada. As coisas criadas ocultam o Criador. É na dimensão do tempo onde o homem encontra Deus, onde o homem torna-se ciente de que cada instante é um ato de criação, um Começo, abrindo novas estradas para realizações finais. O tempo é a presença de Deus no mundo do espaço, e é no tempo que somos capazes de sentir a unidade de todos os seres.

A criação, somos ensinados, não é um ato que ocorreu uma vez no tempo, uma vez e para sempre. O ato de trazer o mundo à existência é um processo contínuo[9]. O chamado de Deus

9. No serviço matinal diário lemos: "O Senhor das maravilhas, em Sua Bondade Ele renova as maravilhas da criação cada dia, constantemente". A preservação do mundo ou das leis que são responsáveis pela preservação do mundo são devidas a um ato de Deus. "Tu és o Senhor, até mesmo Tu

trouxe o mundo à existência, e este chamado prossegue. Existe este momento presente porque Deus está presente. Cada instante é um ato de criação. Um momento não é terminal mas um lampejo, um sinal do Começo. O tempo está em perpétua inovação, um sinônimo para criação contínua. O tempo é a dádiva de Deus ao mundo do espaço.

Um mundo sem tempo seria um mundo sem Deus, um mundo existente em si e por si, sem renovação, sem um Criador. Um mundo sem tempo seria um mundo apartado de Deus, uma coisa em si própria, uma realidade sem realização. Um mundo no tempo é um mundo a prosseguir através de Deus; a realização de um desígnio infinito; não uma coisa em si mas, uma coisa para Deus.

Testemunhar a perpétua maravilha do mundo vindo a existência é sentir a presença do Doador no doado, compreender que a fonte do tempo é eternidade, que o segredo de ser é o eterno dentro do tempo.

> sozinho; Tu fizeste o céu, o céu dos céus com todas suas hostes, a terra e todas as coisas que estão nela, os mares e tudo que está dentro deles, e *Tu os preservaste todos eles*" (Neemias 9-6). "Quão complexas sãos Tuas obras, Ó Senhor [...] Todas elas esperam por Ti, que Tu possa lhes dar sua comida na devida estação [...] Tu escondes Tua face, elas desaparecem [...] Tu emites Teu espírito, elas são criadas" (Salmos 104:24.27.29.30). Note o tempo presente em Isaías 48:13; 42:5; ver também, 48:7. Jó 34: 14-16; *Kitzari* 3,11. À vista das maravilhas da natureza nós oramos: "Abençoado sejas Tu [...] que executas as maravilhas da criação" *Mischná Berakhol* 9,2; ver a opinião de Resch Laqish, *Hagaigá* 12b e Raschi *ad locum*). A ideia de criação contínua parece ter sido o tema de antiga controvérsia. De acordo com a Escola de Schabat, a bênção sobre as velas que é dita no final do *Schabat* é: "Bendito sejas Tu que *criastes as* luzes de fogo"; enquanto, de acordo com a escola de Hilel, nós recitamos: "Abençoado sejas Tu [...] que *crias as* luzes de fogo" (*Mischná Berakhol* 7,5); ver Joseph Salomo Delmedigo, *Ta'alumot Hokhmá, Nobelot Hokhmá*, Basileia, 1629, p. 94.

Não podemos resolver o problema do tempo por meio da conquista do espaço, por meio seja das pirâmides ou da fama. Nós só podemos resolver o problema do tempo por meio da santificação do tempo. Para os homens sozinhos o tempo é ilusório; para os homens com Deus o tempo é eternidade em disfarce.

A Criação é a linguagem de Deus, o Tempo é Seu cântico, e as coisas do espaço, as consoantes na canção. Santificar o tempo é cantar as vogais em uníssono com Ele.

Esta é a tarefa dos homens: conquistar o espaço e santificar o tempo.

Devemos conquistar o espaço a fim de santificar o tempo. Em todo o correr da semana somos chamados para a vida santificada mediante o emprego de coisas do espaço. No *Schabat* nos é dado compartilhar a santidade que está no coração do tempo. Mesmo quando a alma está seca, mesmo quando nenhuma prece pode sair de gargantas cerradas, o puro, silente repouso do *Schabat* nos conduz a um reino de paz infinita ou, ao começo de uma percepção do significado da eternidade. Há poucas ideias no mundo do pensamento que contenham tanta força espiritual quanto a ideia do *Schabat*. Daqui a eões, quando de muitas de nossas acalentadas teorias somente farrapos hão de sobrar, esta tapeçaria cósmica continuará a brilhar.

A eternidade profere um dia.

NOTA BIOGRÁFICA

Rabi Abraham Joshua Heschel (1907-1972), nasceu em Varsóvia de uma família de ilustre linhagem hassídica. Perdeu o pai ainda criança e desde pequeno estudou com fervor a Torá, a Cabala e o Hassidismo. Após a Primeira Guerra Mundial o surto cultural que se propagou pelas comunidades judaicas da Europa o levou a participar do grupo de poetas de vanguarda Iung Vilne, quando publica sua primeira seleção de poemas *O Nome Revelado: Homem*. O conhecimento laico o conduz à Universidade de Berlim onde se douTorá e passa ensinar nessa instituição bem como em Frankfurt. Com a ascensão de Hitler foi deportado para a Polônia em 1938. Exerceu funções didáticas na Polônia e em Londres. Em 1940, imigra para os Estados Unidos e ensina no Hebrew Union College em Cincinatti. A partir de 1945 até a sua morte foi professor de Ética Judaica e Misticismo no Jewish Theological Seminary em Nova York. Seu sistema de pensamento o coloca na escola do existencialismo religioso e toda sua obra se insere sob a marca do diálogo, com grande influência de Buber, pois para ele "o homem não está só". Pinkhas Peli, um estudioso de Heschel, o considera um profeta da modernidade e diz: "[...] este Rabi jamais deixou nada ao longo do caminho. Sendo um notável estudante em Berlim não deixou de ser o fervoroso *hassid* de Varsóvia. Quando se tornou famoso como porta-voz da moral e da consciência nos Estados Unidos, a sua palavra se fez ouvir na Casa Branca e nas manifestações dos negros de Selma, continuou sendo um filho de seu povo, com o coração posto em Sion. Nos anos 70, convidado pelo prestigioso instituto cristão Union Theological Seminary a desempenhar o cargo de professor visitante, começou sua primeira exposição assim: 'Falo a vocês em nome de uma comunidade cujo fundador foi Abraão, e o nome de meu mestre é Moisés [...] Fala a vocês alguém que pôde deixar Varsóvia seis semanas antes do começo da destruição. O destino de minha viagem foi Nova York, porém poderia ter sido Auschwitz ou Treblinka. Sou um lenho resgatado do fogo que calcinou meu povo. Sou um lenho salvo do fogo aceso junto ao altar de Satanás' [...] O âmbito de sua tarefa investigadora foi imenso e abarca uma ampla gama de disciplinas. Desde *A Bíblia*, passando pela análise de diversas escolas do pensamento religioso judaico (*A Lei Oral através das Gerações, Os Profetas, A Profecia* etc.) a estudos sobre o pensamento filosófico da Idade Média e o Hassidismo até a descrição da vida dos judeus da Europa Oriental (*A Terra é do Senhor*) e o desafio ideológico de Israel após a Guerra dos Seis Dias (*Israel, Um Eco de Eternidade*), ao que se deve acrescentar uma série de livros dedicados a elucidar facetas candentes do pensamento judaico (*Deus e o Homem, O Schabat, O Significado das Orações* etc.)".

COLEÇÃO ELOS
(Últimos Lançamentos)

50. *O Homem no Universo*, Frithjof Schuon.
51. *Quatro Leituras Talmúdicas*, Emmanuel Levinas.
52. *Yossel Rakover Dirige-se a Deus*, Zvi Kolitz.
53. *Sobre a Construção do Sentido*, Ricardo Timm de Souza.
54. *Circularidade da Ilusão*, Affonso Ávila.
55. *A Paz Perpétua*, J. Guinsburg (org).
56. *A "Batedora" de Lacan*, Maria Pierrakos.
57. *Quem Foi Janusz Korczak?*, Joseph Arnon.
58. *O Segredo Guardado: Maimônides – Averróis*, Ili Gorlizki.
59. *Vincent Van Gogh*, Jorge Coli.
60. *Brasileza*, Patrick Corneau.
61. *Nefelomancias: Ensaios sobre as Artes dos Romantismos*, Ricardo Marques de Azevedo.
62. *Os Nomes do Ódio*, Roberto Romano.
63. *Kafka: A Justiça, o Veredicto e a Colônia Penal*, Ricardo Timm de Souza.
64. *O Culto Moderno dos Monumentos*, Alois Riegl.

Este livro foi impresso na cidade de Cotia,
nas oficinas da Meta Brasil,
para a Editora Perspectiva.